RÉPARATION

DU MÊME AUTEUR

La Vocation du prêtre face aux crises : la fidélité créatrice, Nouvelle Cité, 2021.

Passons sur l'autre rive. Vers une vie religieuse renouvelée, Nouvelle Cité, 2022.

Le cœur ne se divise pas (avec Edgar Peña Parra et Nicolas Diat), Fayard, 2023, « Pluriel », 2025.

Cardinal François Bustillo

Réparation

Fayard

La collection « Choses vues »
est dirigée par Nicolas Diat

Couverture : Le Petit Atelier
Photographie de couverture : © Stephan Gladieu

ISBN : 978-2-213-73384-5
Dépôt légal : septembre 2025.

Introduction

Au seuil d'un monde désenchanté

Nous nous interrogeons souvent : pourquoi notre époque valorise-t-elle ce qui abîme l'homme ? Pourquoi les ténèbres qui entament l'âme humaine brillent-elles de tant de feux aux yeux du monde ? Pourquoi les sociétés modernes, plutôt que d'élever les cœurs, semblent-elles les enfermer dans un cercle vicieux de suspicion et de jugement ? Pourquoi laissons-nous la violence évincer le divin en nous ? Chaque jour, nous constatons avec quelle facilité une parole, une pensée, un silence même, deviennent des prétextes à la condamnation.

Dans cette ère que l'on dit celle du respect et de la tolérance, où chacun peut s'exprimer librement, nous nous surprenons à parler trop des autres et trop peu avec eux. Pire encore, nous nous arrogeons le droit de parler à leur place. Nous jugeons, nous cataloguons, nous ostracisons ceux qui diffèrent de nous.

Nous avons aujourd'hui l'impression que, pour exister, il faut être informé de tout, tout commenter, tout juger. « As-tu entendu ? », « Es-tu au courant ? » :

ces questions rythment nos échanges, où l'extériorité prime sur la profondeur. Ne pas participer à ce flux incessant de nouvelles et d'opinions nous donnerait presque le sentiment d'être exclus, relégués aux marges de la société.

Dans ce tourbillon social et ce vacarme publicitaire, une forme insidieuse de superficialité relationnelle s'installe, fragilisant les liens humains. Nous connaissons peu les autres, et pourtant nous nous autorisons à les juger promptement. Une phrase, une opinion peuvent déclencher un raz-de-marée de polémiques. Dès lors, une question s'impose : une personne engagée dans la vie publique – qu'elle soit politique, économique, culturelle, artistique, ecclésiale, journalistique, sportive ou associative – peut-elle encore parler librement ? Peut-on s'affranchir de la pensée unique ? A-t-on le droit d'avoir une pensée singulière tout en étant respecté ?

Exprimer une conviction est devenu un exercice périlleux, où chaque mot doit être soupesé, chaque prise de parole minutieusement calculée. Certes, la réflexion doit toujours précéder l'expression. Mais comment en sommes-nous arrivés à une telle crainte ? Nous avons instauré un tribunal virtuel où chacun est tour à tour juge et accusé, où la moindre maladresse devient un prétexte à l'attaque, où la peur du lynchage réduit les âmes au silence. Où est notre liberté ? Où va-t-elle ?

Nous savons que toute opinion suscitera adhésion et opposition. C'est dans l'ordre naturel des choses.

Le débat d'idées, lorsqu'il est sain, forge les esprits et favorise le respect mutuel. Mais aujourd'hui, l'expression d'une pensée, loin d'être l'occasion d'un dialogue constructif, peut devenir le déclencheur d'une hostilité brutale, attisant la peur et semant la division.

L'impératif évangélique « Aimez-vous les uns les autres » (Jn 15,12) se serait-il mué en un « Détestez-vous les uns les autres » ? Trop souvent, nous avons l'impression que l'écoute a cédé la place à l'invective, que la parole est devenue un instrument de jugement plutôt qu'un moyen de rencontre. Saint Jacques nous exhortait pourtant ainsi : « Que tout homme soit prompt à écouter, lent à parler, lent à se mettre en colère » (Jc 1,19).

Les réseaux sociaux, qui auraient pu être des espaces de dialogue, semblent au contraire exalter l'émotivité au détriment de la réflexion. Le marketing règne en maître implacable. Faut-il pour autant diaboliser ces nouveaux médias ? Non, bien sûr. Ce ne sont que des outils, ni bons ni mauvais en eux-mêmes. Le véritable enjeu réside dans la manière dont nous les utilisons. Que faisons-nous de l'information ? Quel usage en faisons-nous ?

La communication doit être éduquée pour être civilisée. Savoir, c'est pouvoir, dit-on. Mais un savoir mal maîtrisé peut devenir une arme destructrice. Combien, parmi ceux qui s'expriment à travers les réseaux, connaissent les principes éthiques du journalisme, comme ceux énoncés dans la charte de Munich ?

Notre époque souffre d'un manque de justesse, où les dynamiques primitives du dominant-dominé, du prédateur et de la proie, prennent le pas sur des comportements évolués, empreints de bienveillance et de respect. Pourtant, comme le rappelait Platon : « Il est impossible d'améliorer le monde si l'homme ne s'améliore pas lui-même. »

Des valeurs fondamentales, naguère tenues pour évidentes – la retenue, la discrétion, la réflexion, la dignité de l'autre, l'honneur, la nuance, la pudeur, la politesse – semblent s'évaporer au profit d'un impact immédiat, souvent cruel.

Cette réflexion ne se veut ni une leçon de morale ni un réquisitoire, mais le partage d'une inquiétude et, surtout, d'une espérance. Une société meilleure est possible.

Nous devons réparer ce qui a été brisé. Nous croyons que nos relations, souvent dures, injustes et intransigeantes, peuvent évoluer. Qu'elles peuvent être réajustées, enrichies de valeurs positives et constructives, pour sortir de cette misère affective qui gangrène notre époque. Nous croyons au message salvateur de l'Évangile.

Notre vie commune, malmenée par tant de dureté, nous épuise. Elle ne nous convient pas. Nous aspirons à une société différente : bienveillante, sereine, pacifique.

C'est à ce grand chantier relationnel et spirituel que nous voulons consacrer nos énergies. Sous le regard de Dieu.

I

Le règne du soupçon : une société livrée à la méfiance

L'ère de la méfiance

L'homme est un mystère. Rien de nouveau sous le soleil, certes. Bien avant Freud et les balbutiements de la psychanalyse, le prophète Jérémie en pressentait déjà les abîmes : « Le cœur de l'homme est compliqué et malade, qui peut le connaître ? » (Jr 17,9.) Cette complexité intime, loin de demeurer tapie dans les replis secrets de l'âme, s'extériorise, se projette, et marque de son sceau les liens que nous tissons avec autrui. Ce qui s'agite au-dedans finit toujours par altérer le dehors.

La violence, hélas, n'est point une nouveauté dans l'histoire humaine. Elle traverse les siècles et ensanglante les récits dès les premières pages de la Bible. N'oublions pas que le premier meurtre fut un fratricide. Ce n'est pas sans raison que la tradition nous enjoint de veiller sur nos pulsions les plus profondes : la passion, en nous, est ambivalente – capable tout à la fois de bâtir ou de ruiner. Il ne suffit pas de la ressentir ; il faut encore l'éduquer.

Tout commence, bien souvent, par un regard. Ce regard que nous posons sur l'autre : est-il porteur de confiance ou chargé de soupçon ? Vois-je en l'autre un allié, un semblable, ou bien une menace ? Ce regard n'est jamais neutre : il est le fruit de notre sensibilité, de notre intelligence, de notre histoire – parfois aussi de nos blessures. Et aujourd'hui, plus que jamais, notre regard est troublé. Comme affecté d'un mal oculaire profond, il ne voit plus l'autre clairement, mais le défigure, le soupçonne, l'altère.

La relation s'amorce dès lors non sur le terrain du dialogue, mais dans les sables mouvants de la suspicion, de la rumeur, de la médisance. Il semble devenu banal – ou du moins coutumier – de juger, de condamner, de répandre sur autrui une image déformée et négative. Cette pente, si commune, ronge insidieusement la possibilité d'une vie sociale apaisée. Car, si la prudence est une vertu, la méfiance érigée en principe devient un poison : elle paralyse les élans, corrompt les liens, et installe entre les êtres une distance froide et délétère.

Le réflexe accusatoire : « C'est sa faute ! »

L'accusation : voilà le refuge commode de nos impuissances. Cette tentation, si présente dans nos échanges, nous la connaissons depuis les origines. Dans le récit de la Genèse, le passage d'Adam de l'émerveillement à l'accusation est saisissant : lui qui exultait à la vue d'Ève – « Voici l'os de mes os, la chair de ma chair ! » – n'hésite pas, après sa chute, à la désigner comme coupable : « C'est la femme que tu as mise près de moi ! » Triste retournement, triste histoire de peur et d'immaturité. L'autre devient le bouc émissaire de mes propres choix, le masque commode de ma fuite en avant.

Ce glissement, de l'admiration à la dénonciation, est le lot de bien des relations humaines. On l'observe aussi bien dans les cercles médiatiques, où l'on encense aujourd'hui ceux que l'on crucifiera demain, que dans le voisinage le plus ordinaire, où l'homme affable du palier devient, quelques mois plus tard, l'irritant compagnon de palier.

L'instabilité règne. Les amitiés se font et se défont au gré des affinités idéologiques, des intérêts du moment, des humeurs passagères. Le monde relationnel semble régi par une logique primaire : es-tu avec moi ou contre moi ? Penses-tu comme il faut, ou te voilà dans l'erreur ? Dois-je te soutenir ou t'éliminer ? Me sers-tu, ou suis-je dispensé de te servir ? Ce jeu d'alliances et de ruptures, aussi précaire que brutal, engendre un climat d'anxiété, d'instabilité, et de violence larvée.

Sommes-nous devenus les héritiers d'une génération formée à l'école du soupçon ? Il faut bien le reconnaître : Nietzsche, Freud, Marx – ces maîtres de la déconstruction – ont profondément bouleversé nos représentations. À eux trois, ils ont proclamé la mort de Dieu, mis en scène la lutte des classes, et débusqué les ombres de l'inconscient. Leur pensée irrigue notre époque troublée.

Le soupçon, grille de lecture du réel ?

Il semble que notre époque ait érigé le soupçon au rang de vertu première. Jadis simple outil de l'esprit en quête de vérité, le doute s'est mué en soupçon systématique, en un réflexe quasi pavlovien de défiance généralisée.

Le doute, pourtant, a sa noblesse : il éveille la raison, stimule l'intelligence, invite à la recherche et à la méditation, comme un seuil vers la certitude. Il est ce passage fécond qui ouvre à la lumière.

Mais le soupçon, lui, est d'une tout autre essence. Il est trouble, insidieux, vénéneux. Là où le doute questionne, le soupçon condamne. Là où le doute ouvre, le soupçon enferme. Il infecte le jugement, entrave la pensée, installe dans les cœurs une méfiance maladive. Il ne cherche pas la vérité, mais la faute. Il ne s'interroge pas, il accuse.

Alimenté par la peur, nourri d'impressions hâtives et d'émotions mal maîtrisées, le soupçon est une vision biaisée du réel, un regard tordu qui présuppose le mal sous les apparences du bien.

Paul Ricœur a saisi la profondeur du phénomène : le soupçon est une posture mentale qui dissèque le visible pour y traquer l'invisible, un invisible toujours perçu comme fourbe, dissimulé, inquiétant.

Ainsi s'installe cette ère de la suspicion qui gangrène tous les pans de notre vie collective : politique, culture, religion, sport, médias – nul domaine n'échappe à cette corrosion de la confiance.

Les réseaux sociaux, instruments conçus pour relier les hommes, sont devenus foyers de division, théâtres d'un lynchage perpétuel. Cachés derrière un pseudonyme, des anonymes se permettent de juger, de condamner, de détruire. La lâcheté s'y pare des atours de la justice. Le monde social devient cannibale : il se repaît de l'homme qu'il dévore.

Dans cette frénésie d'indignation, tout devient prétexte à l'anathème. Une parole, un silence, une attitude. Et l'on accuse – vite, fort, sans retour.

On essentialise l'adversaire : vous êtes raciste, homophobe, islamophobe, antisémite, facho, gaucho… Le verbe « être » suffit à faire basculer un homme dans l'abîme. L'accusation n'est plus un jugement sur une idée, mais une négation de l'être. Ce que pense réellement celui que l'on accuse ? Peu importe. Une phrase, extraite de son contexte, suffit à déclencher la haine de la meute.

Adam accuse Ève, mais ne résout rien : il reste captif d'une liberté mal exercée. Ainsi nous-mêmes, en désignant des coupables à la va-vite, croyons résoudre nos tensions. Nous ne faisons que les aggraver.

Autrefois, on se tournait vers la justice. Aujourd'hui, elle arrive après. Avant elle, le tribunal des réseaux. La justice médiatique s'impose : rapide, aveugle, sans prudence. Elle juge à l'émotion, condamne à l'instinct, détruit à la rumeur.

Des êtres s'effondrent sous le poids de l'opprobre public. Leur passé devient un fardeau ; leurs paroles, des pièges. Ils doivent se justifier, parfois s'humilier, demander pardon dans une forme de confession sans sacrement, sans absolution.

Le fait est remplacé par l'impression ; la vérité, par la narration ; la preuve, par la perception. Et chacun se fait procureur.

Tout peut désormais être interprété, puis condamné. Tenues, régimes alimentaires, goûts culturels, croyances, idées – toute expression de liberté devient suspecte. Les camps se dressent, s'enferment, s'opposent.

Certains accusent les carnivores, d'autres les végans. Les uns jettent l'anathème sur ceux qui prient, les autres sur ceux qui nient le sacré. La démocratie de la diversité se transforme en guerre des puretés. Chacun vit contre l'autre, au lieu de vivre avec. Et la fraternité recule.

Ce n'est plus seulement une fracture sociale que nous traversons. C'est une désintégration du lien. L'espace commun, celui où se déploie la parole partagée, se dissout dans le vacarme du soupçon.

Il nous faut, aujourd'hui plus que jamais, sortir de cette logique inquisitoriale qui ravale l'autre au rang de suspect permanent. Il nous faut désapprendre le réflexe de l'accusation pour réapprendre l'art de la compréhension. Retrouver, dans les méandres de nos dialogues brisés, le chemin de la parole vraie – celle qui ne cherche pas à vaincre, mais à rencontrer.

Le soupçon, lorsqu'il devient mode de pensée, détruit tout ce qui rend possible la vie commune : la confiance, la présomption d'innocence, le respect de l'altérité, la reconnaissance de la complexité humaine.

Il ne s'agit pas d'être naïf, ni de fermer les yeux sur le mal. Mais il s'agit de refuser cette justice sans visage, sans droit, sans pardon. De refuser que le bruit remplace la vérité, que l'émotion remplace la raison, que le soupçon remplace la justice.

La fraternité ne naîtra pas dans le vacarme des accusations, mais dans le silence de l'écoute, dans la patience du discernement, dans l'espérance toujours risquée de croire encore en l'autre.

La violence du soupçon est facile ; la force du pardon est rare.

Elle seule pourtant nous rendra à notre humanité.

L’instant lapidaire :
« Jeter la première pierre »

Notre époque, si prompte à se draper dans les atours de la justice, semble pourtant versée dans un art ancien et cruel : celui de l’accusation, suivi de sa sœur impitoyable, la lapidation – non plus de pierre, mais de verbe. Ce n’est plus à coups de roches que l’on frappe les figures tombées en disgrâce, mais à jets de mots, à déversements publics d’opprobre. Les réseaux sociaux et les médias se font aujourd’hui arènes, où la vindicte populaire s’abat sur l’homme ou la femme désignés comme coupables par le tribunal mouvant de l’opinion.

La lapidation, dans son acception première, plonge ses racines dans l’Antiquité : il s’agissait alors de donner la mort par les pierres. Violence sèche, brutale, collective. Aujourd’hui, la pierre est remplacée par la rumeur, la calomnie, la morsure d’un propos viral, la fureur d’un hashtag. Ce n’est plus le corps que l’on vise, mais l’âme. On ne tue pas, on assassine symboliquement. On ne saigne pas, on salit. Une plume trempée dans le fiel ou un écran tapoté de hargne suffisent à broyer la réputation d'un être.

C'est alors que revient en mémoire ce récit évangélique, d'une beauté foudroyante : la femme adultère (Jn 8, 3-11), traînée devant Jésus par ceux qui prétendent faire valoir la loi. Elle a péché, disent-ils, elle doit mourir. L'ordre est clair, la peine déjà scellée. Pourtant, le Christ, dans un silence qui désarme, redresse non pas la coupable, mais les accusateurs : « Que celui d'entre vous qui est sans péché jette le premier la pierre. » Ainsi surgit une parole nue, simple, qui suspend le geste meurtrier, qui fait taire l'arrogance moralisatrice, qui met à nu l'hypocrisie des cœurs.

Deux mondes se rencontrent, s'affrontent – celui de la loi, inflexible, et celui de la miséricorde, qui sauve. L'un enferme, l'autre libère. L'un condamne, l'autre relève. Il y a ceux qui scrutent, soupèsent, tranchent – et puis il y a Celui qui s'agenouille et écrit dans la poussière, qui parle sans hurler, et qui, par sa seule parole, restaure la dignité de celle que tous voulaient anéantir : « Moi non plus, je ne te condamne pas. Va, et ne pèche plus. »

Hélas, bien des contemporains préfèrent aujourd'hui se ranger du côté des accusateurs. Ils savent, ou croient savoir. Ils jugent, et le font hautement. Ils traquent la faute, flairent le faux pas, et se pressent à jeter non pas une pierre, mais une avalanche de soupçons, de sarcasmes, d'invectives. La lapidation médiatique est devenue la forme moderne d'un lynchage : elle tue sans effusion de sang, mais avec une jouissance froide, perverse, collective.

Nous vivons dans une société orpheline de transcendance. Là où Dieu s'efface, la confiance se délite. Là où l'on croyait jadis à la parole du maire, du médecin, de l'avocat, du curé – aujourd'hui, on consulte des forums, on croit des rumeurs. Le soupçon est devenu réflexe, la défiance un mode de vie. Le savoir est battu en brèche par l'opinion, la compétence par l'émotion, l'expérience par la rumeur. Un ami l'a dit, un site l'a écrit – alors cela suffit pour écarter les avis les plus éclairés.

La frontière entre la confiance et la méfiance s'est brouillée. L'homme, autrefois en quête d'assurance, est devenu guetteur inquiet, juge méfiant. Qu'est-ce qui nous fait basculer, soudain, de la foi en l'autre à la suspicion ? L'histoire personnelle ? Les blessures mal refermées ? Le bruit ambiant ? Sans doute. Mais cette perte du lien est aussi symptôme d'une société qui, en s'éloignant du ciel, s'est perdue dans les ombres de ses propres peurs.

Le passé ne compte plus, disent les cyniques. Le présent est une urgence angoissée ; le futur, un brouillard. Dans cette atmosphère fébrile, la violence germe. Une violence larvée, mais omniprésente, comme un instinct de défense retourné contre le semblable. On attaque pour ne pas être attaqué. On blesse pour ne pas être blessé. Ainsi s'installent ces mécanismes fratricides – où Caïn guette toujours, dans les replis de nos relations.

La « frérocité » – ce mot-valise si juste – envahit les échanges. L'intransigeance devient vertu ; l'altérité, menace. Celui qui ne pense pas comme moi est un danger. Celui qui doute, un traître. Les réseaux sociaux, en exacerbant les prises de parole, favorisent l'emballement, la précipitation, la réaction brutale. Le discernement s'efface devant la véhémence. L'homme n'écoute plus pour comprendre, mais pour répliquer.

Il suffit d'une parole maladroite, d'un avis dissonant, d'un choix personnel pour déclencher l'orage. Point n'est besoin d'un procès – il suffit d'un tweet, d'un titre malveillant, d'une séquence diffusée en boucle. Et déjà, le supplice commence. Le condamné n'a plus de nom : il est « l'affaire », il est « le scandale ». On ne cherche ni à comprendre ni à contextualiser – on exige une exécution.

Alors tombent les pierres – verbales, numériques, publiques. Elles frappent, en rafale, jusqu'à réduire l'âme à l'état de ruine. Sous cet acharnement, la personne n'existe plus : elle devient cible. Et la meute, elle, s'en repaît.

Mais faut-il pour autant céder à cette spirale ? Sommes-nous condamnés à confondre désaccord et hostilité ? Ne peut-on s'étonner de ce que le débat ait cédé la place au combat ? Est-il nécessaire d'exprimer un avis sur tout, tout le temps, comme si le silence était devenu une lâcheté ? Notre opinion vaut-elle plus que celle de l'autre ? Est-elle toujours utile, juste, salutaire ?

Le vrai péril de notre temps est là : dans cette tentation de devenir nous-mêmes les nouveaux maîtres de la loi. Ceux qui scrutent les failles, traquent les erreurs, condamnent sans appel. Ceux qui divisent le monde entre justes et impurs, élus et parias. Une telle société est un désert pour la liberté. Car, là où la différence est suspecte, là où la pensée unique règne, là où le soupçon rôde, là meurt la possibilité d'exister pleinement, dans toute la complexité de l'être.

Au sein de cette société tendue, le lien social se délite, rongé par l'immédiateté des réactions et la superficialité des échanges. Les conversations s'apparentent à des joutes, les désaccords à des duels. L'autre n'est plus un vis-à-vis, mais un adversaire potentiel. Pour se préserver, on attaque ; pour éviter d'être blessé, on blesse. Ce réflexe de survie engendre une crispation généralisée : les relations humaines deviennent le théâtre d'un état d'alerte permanent, où nul ne se sent véritablement en sécurité, sinon dans le camp de ceux qui crient le plus fort.

Dans cet univers durci, il suffit d'un mot de travers, d'un acte mal interprété, pour que le verdict tombe – immédiat, sans appel. L'on décide que tel propos est inacceptable, que tel geste mérite une sanction. Et sans autre forme de procès, l'individu est livré à la vindicte publique. Comme dans l'Évangile, les maîtres de la loi ne prennent guère le temps d'écouter, d'interroger, de comprendre : ils ont déjà les pierres à la main. La sentence précède le discernement. Le soupçon tient lieu de preuve. L'accusé devient coupable par la seule force du regard collectif braqué sur lui.

Et voici qu'est programmée une salve de violences – non plus physiques, mais verbales, numériques, symboliques. Une pluie de mots meurtriers s'abat, écrasant la personne sous le poids de l'indignation. Elle est ensevelie vivante dans un linceul de commentaires, de jugements, d'attaques, d'ironie cruelle. La haine déborde, elle ruisselle, elle salit. Le tumulte est tel qu'on en oublie la cause première. Peu importe ce qui fut dit, fait ou pensé : ce qui compte, désormais, c'est de détruire.

Certes, il arrive que des propos choquent, dérangent, troublent. Mais cela autorise-t-il à livrer sans ménagement celui qui les a tenus à la foule déchaînée ? Faut-il confondre le désaccord avec le désir d'anéantir ? Une société adulte devrait pouvoir accueillir le débat sans basculer dans l'exécution sommaire. Or, nous observons un glissement inquiétant : dès que l'opinion diverge, le couperet tombe. L'on ne cherche plus à discuter, mais à disqualifier ; non plus à dialoguer, mais à détruire.

Cette violence, qui n'ose pas toujours dire son nom, est d'autant plus redoutable qu'elle se drape dans les habits de la vertu. Elle prétend défendre la justice, mais elle ne fait que répéter le cycle ancien de la lapidation. Le pécheur d'aujourd'hui n'est pas jeté hors du Temple, il est expulsé de l'espace social, effacé, réduit au silence. Il n'a plus de voix. Il devient l'ombre de lui-même.

Faut-il donc se résoudre à cette logique infernale ? Est-ce là le seul mode d'expression qui nous reste ? L'agressivité serait-elle l'unique langage de la dissension ? L'anathème, le seul moyen de faire valoir une opinion ? Pourquoi refuser d'entrer dans la nuance, dans la patience, dans l'intelligence du désaccord ? Pourquoi faut-il à tout prix commenter, juger, corriger les autres, jusque dans leur vie la plus intime ? Que gagnons-nous à cela ? Quel monde bâtissons-nous, à coups de sentences et de condamnations hâtives ?

Il y a dans cette posture un orgueil silencieux, mais ravageur : celui de se croire du bon côté. Celui des justes. Des purs. Des gardiens de la pensée correcte. Dès lors, le regard change : on ne voit plus en l'autre un semblable, mais une menace. Tout devient prétexte à suspicion. Et la société se fragmente. Elle devient un navire à la dérive, où quelques-uns s'imaginent sauvés, tandis que les autres sont désignés comme perdus, à surveiller, à dénoncer.

Une telle société ne peut survivre longtemps. Car, là où l'on ne peut plus être libre d'exister, de penser, de dire, de croire, l'air devient irrespirable. Là où la différence est perçue comme une déviance, la liberté s'éteint. Et avec elle, la confiance. Et avec la confiance, le lien. Et avec le lien, toute possibilité d'humanité véritable.

Il est donc urgent de redécouvrir la parole qui désarme. La parole qui relève. La parole qui sauve.

Non celle qui excuse tout, mais celle qui ouvre un chemin. Une parole à la manière du Christ, qui ne nie pas la faute, mais qui refuse de réduire l'homme à sa chute. Une parole qui n'écrase pas, mais qui relève. Une parole capable de dire, dans un monde si prompt à condamner : « Moi non plus, je ne te condamne pas. »

La soif de vengeance : « Je veux la tête de Jean sur un plateau »

Il semble que notre époque, pourtant si prompte à se dire civilisée, n'ait point renoncé à ses penchants les plus archaïques. À la faveur d'un crescendo douloureux dans nos relations humaines, nous voyons se réactiver une mécanique ancienne, brutale et cruelle : la décapitation symbolique. Point n'est besoin désormais d'épée ni de bourreau : la vindicte populaire, armée de réseaux et nourrie par la rumeur, accomplit ce funeste office avec une célérité redoutable. Un homme dérange-t-il un dessein, contrarie-t-il une ambition, met-il à nu quelque hypocrisie ? Aussitôt s'élève, dans le tumulte moderne, ce cri glacé : « Qu'on lui coupe la tête ! »

Ce désir d'exécution sociale, que l'on croyait relégué aux âges sombres, resurgit sous des formes nouvelles mais non moins violentes. Dans les arènes conjugales, professionnelles ou sociales, dès que l'*alter ego* devient adversaire, la sentence s'impose : il faut sa tête. La conflictualité, au lieu de trouver une issue dans le dialogue, glisse insidieusement vers la haine, puis vers l'exclusion.

Comment ne pas évoquer ici cette scène évangélique d'une sidérante actualité ? Hérodiade, blessée dans son orgueil par la parole libre de Jean le Baptiste, médite sa perte. N'osant frapper elle-même, elle use de sa fille Salomé comme d'un instrument de séduction et de mort. La danse charme le roi Hérode, et, grisé par le spectacle, il promet monts et merveilles. Sur l'instigation de sa mère, la jeune fille réclame non une richesse, non un honneur, mais l'impensable : « Donne-moi ici, sur un plat, la tête de Jean le Baptiste » (Mt 14,8). Ce récit, vieux de deux mille ans, continue d'éclairer les ténèbres de nos passions collectives.

Car cette demande de la tête, devenue presque un réflexe dans la sphère publique, se perpétue dans nos sociétés sous les atours de la légitimité morale. Des figures politiques, économiques ou culturelles sont livrées à l'opprobre, jugées par le tribunal de l'opinion, exécutées sans appel. La presse, avide de drames, se fait l'écho de ces mises à mort symboliques, que chacun, parfois inconsciemment, appelle de ses vœux.

Le XVIIIe siècle, en tranchant la tête du roi, a-t-il guéri sa propre blessure ? Rien n'est moins sûr. Il semble, au contraire, que cette mémoire de la guillotine hante encore nos inconscients. À défaut de sang, c'est la réputation que l'on fait couler ; à défaut de couper le cou, on coupe la voix. Et puisque la faute, décrétée inexpiable, exige une sanction exemplaire, on ne se contente plus de corriger : on efface, on élimine, on annihile.

Ainsi, dans l'éclat cruel d'un plateau d'argent, nos sociétés modernes continuent de livrer des têtes à la foule – pour apaiser ses peurs, flatter ses ressentiments ou masquer ses renoncements.

Le sadisme médiatique : lorsque l'information devient crucifixion

Dans l'exercice désormais banal de cette violence sociale, nous assistons, impuissants, à l'acharnement implacable que déchaînent les réseaux sociaux et les médias sur certaines personnes, comme des meutes sans visage. Une cruauté froide s'y donne libre cours, semblable à une jouissance perverse face à la détresse d'autrui. Car tel est le sadisme : un trouble plaisir à contempler, à provoquer, à prolonger les blessures physiques, psychologiques ou morales infligées à d'autres. Ceux qui s'y adonnent trahissent une absence cruelle d'empathie, une inclination profonde pour la brutalité.

Le sadisme devient évident lorsque l'on agit en pleine conscience du mal que l'on cause – et que, loin de s'interrompre, on persévère. Il prend alors l'allure d'un acharnement déconcertant, comme si le fait de tirer sur les ambulances relevait d'un jeu sans conséquence. L'intimité d'êtres humains est étalée, leurs blessures disséquées, leur dignité malmenée.

Tout cela est repris, déformé, diffusé, sans égard, sans pudeur, sans vergogne.

Avons-nous conscience du mal que nous causons, et, si oui, pourquoi continuer ? Trouvons-nous du plaisir à faire souffrir ? Sommes-nous devenus des sadiques ? Le lynchage médiatique est-il la seule réponse de notre société lorsqu'une personne commet une faute ?

La haine, dans ce contexte, se propage comme une traînée de poudre. Chaque individu s'empresse d'y ajouter son mot, sa sentence, sa pierre. C'est à qui formulera la phrase la plus assassine, la plus incisive, la plus destructrice. Une sinistre compétition s'instaure, dont le vainqueur est celui qui aura été le plus barbare.

Mais une telle dérive est indigne d'une société qui se dit civilisée. Il n'est pas tolérable que l'humiliation publique soit laissée à la merci de tous, sans discernement, sans régulation. Nous exposons la faute supposée d'autrui avec un zèle impitoyable, un mépris glaçant. Or, l'humiliation publique, loin d'être anodine, atteint l'être au plus intime : elle blesse, elle salit, elle détruit. Elle est l'ennemie de la dignité humaine.

Elle engendre des drames silencieux. Des adolescents, des personnes vulnérables, sombrent dans le désespoir, parfois jusqu'à supprimer leur propre vie. Le harcèlement, la traque, les persécutions nourries par les écrans et amplifiées par le vacarme médiatique conduisent au rejet, à l'ostracisme. L'individu ciblé est brisé. Il est blessé dans ce qu'il a de plus sacré : son honneur, son intimité, son humanité.

Abaisser quelqu'un, l'humilier en place publique, c'est commettre un crime contre son humanité. L'humiliation publique est une forme de torture, ancienne, mais encore pratiquée sous des atours modernes. Elle détruit le lien social, elle souille la relation humaine, elle nous ramène aux pulsions les plus archaïques. S'amuser à faire souffrir est le signe d'une régression morale. Il n'y a là rien de courageux ni de juste. La cruauté dégrade autant celui qui la subit que celui qui l'exerce.

Or, la véritable grandeur relationnelle, la noblesse d'un cœur mûr consiste à honorer l'autre, à le respecter, même dans sa fragilité. Là se trouve l'humanité véritable.

Il est urgent de sortir de l'ère de la méfiance. Une époque nouvelle doit advenir : celle de la confiance. Ce n'est pas là une apologie de la naïveté, mais un appel à réhabiliter des gestes, des rites, des paroles qui restaurent le lien et célèbrent le bien.

Dans certaines cérémonies de la République, lorsqu'on décerne une distinction – Légion d'honneur, médaille militaire, ordre du Mérite –, il est d'usage de dire du bien de la personne honorée, de retracer son parcours, de souligner ses engagements. Ces moments sont précieux. On y voit l'émotion sur les visages des proches, la fierté silencieuse d'une famille, l'écho discret d'une vie donnée.

Ces rites devraient être étendus, multipliés, rendus plus visibles. Car, en vérité, il s'agit là d'un acte de bénédiction : bénir, c'est dire du bien, et cela fait du bien. Dans un monde saturé par la calomnie, par la délation et la suspicion, il serait salutaire que les enfants, les jeunes, entendent davantage parler du bien que tant de personnes font dans l'ombre.

Elles ne sont ni saintes ni parfaites, mais elles œuvrent, elles se donnent. Dans un quartier, un village, un métier, une vie associative ou spirituelle, elles portent en elles une part d'espérance. Elles vivent une forme d'offrande de soi – et ce don améliore la vie des autres.

Notre société souffre peut-être d'un déficit de bienveillance parce qu'elle ne prend pas le temps de célébrer le bien. Et pourtant, elle est pleine d'êtres formidables. Écouter leurs récits, raconter leurs gestes serait une manière d'inspirer, d'élever, de construire un monde plus juste.

Il ne s'agirait pas de distribuer des médailles comme des prix d'excellence, mais d'honorer, humblement, ceux dont la vie témoigne un engagement discret et fécond. Célébrer ces visages du quotidien, c'est faire grandir la confiance, c'est réapprendre à aimer l'humanité dans ce qu'elle a de plus vrai.

La fraternité en déclin, l'humanité en exil

Soutenir la démocratie : réhabiliter l'engagement politique

Une démocratie ne saurait survivre sans le souffle généreux de citoyens engagés, résolus à œuvrer pour le bien commun et l'édification d'une société plus juste. Mais en ces temps d'exposition permanente et de suspicion généralisée, ceux qui s'engagent dans la vie sociale, et plus particulièrement dans la sphère politique, deviennent trop souvent la cible d'un procès sans fin. Sous l'œil inquisiteur des médias et le feu nourri des réseaux sociaux, ils sont dénoncés, brocardés, parfois même cloués au pilori d'une opinion publique avide de jugements expéditifs.

La politique, cette forme suprême de l'engagement civique, devrait être le lieu du service désintéressé et du dévouement à la chose publique. Or, combien de ceux qui s'y consacrent sont aujourd'hui perçus non comme des serviteurs, mais comme les détenteurs d'un pouvoir systématiquement suspecté de corruption ? La défiance s'installe, tenace, rongeuse. Elle discrédite l'engagement, décourage les vocations, et fragilise jusqu'aux fondations mêmes de notre démocratie.

Il est urgent de rappeler que la démocratie ne se soutient pas d'elle-même. Elle repose sur l'engagement libre et lucide de femmes et d'hommes qui, malgré les critiques et l'ingratitude du temps, choisissent de servir le bien commun. Pourtant, notre société semble s'être habituée à les mépriser. Les raccourcis faciles abondent : « Ils sont tous les mêmes », « Ils ne pensent qu'à eux », « Ils profitent ». Ainsi jetés indistinctement dans le même sac, les élus deviennent une catégorie honnie, dépouillée de toute considération. Mais une société adulte, une société responsable peut-elle durablement vivre sans guides ? Une démocratie peut-elle survivre sans les citoyens qui acceptent de porter le poids du bien commun ?

L'histoire nous enseigne la fragilité des institutions démocratiques. À force de distendre le lien entre les gouvernants et les gouvernés, on ouvre la voie à la désespérance civique, à la colère stérile, à la tentation du rejet absolu. Il ne s'agit pas de taire les fautes ni de fermer les yeux sur les abus ; il s'agit de résister à la tentation de la diabolisation systématique. Mépriser tous les politiques avec constance, c'est miner les piliers d'une société vivante. C'est semer l'idée perverse que l'engagement est vain, que la parole publique est vaine, que le pouvoir est nécessairement sale.

Faut-il alors se résoudre au silence, à l'indifférence ou à l'angélisme ? Certes non. Mais il est temps de sortir de ce manichéisme étroit qui oppose les bons aux méchants, les miens aux autres, comme si toute nuance était désormais suspecte. La démocratie n'a pas besoin de justiciers idéologiques, mais de citoyens lucides, capables de discernement et de gratitude envers ceux qui, au prix parfois de leur paix intérieure, acceptent de se donner à la chose publique.

Il est des élus qui vivent leur fonction comme un honneur, parfois même comme une forme de sacerdoce laïc. Leur tâche est rude, leur solitude immense. Ils doivent affronter l'exigence, les attentes contradictoires, les critiques inflexibles. Certains échouent, cèdent à la tentation, se laissent emporter par les jeux de pouvoir. Mais nombreux sont ceux qui restent droits, fidèles à l'idéal qui les a portés. Ceux-là méritent d'être reconnus, soutenus, et non abandonnés aux jugements sommaires.

À l'agressivité croissante de l'opinion répondent des renoncements de plus en plus nombreux. Les démissions se multiplient non par faiblesse, mais par épuisement. Quand la violence symbolique devient insupportable pour l'élu, son entourage, ses enfants, il préfère partir que se perdre. Et ce départ, loin d'être anecdotique, affaiblit la démocratie elle-même. Car la peur, le découragement, l'amertume, tuent lentement mais sûrement l'appel à servir.

Le pape Pie XI, en 1927, déclarait que « la politique est la forme la plus haute de la charité ». Cette affirmation, reprise par ses successeurs, peut surprendre dans un monde où l'on peine à discerner la vertu derrière les discours. Pourtant, à l'heure où la politique semble vidée de sa noblesse, cette parole ecclésiale retentit comme un rappel salutaire : s'engager pour la cité est un acte d'amour, une offrande de soi.

Nous vivons à l'orée d'une époque incertaine, marquée par les réminiscences des grandes crises du XXe siècle. Crise sociale, crise de confiance, crise de la parole. Lorsque les douleurs du peuple rencontrent l'impuissance des gouvernants, lorsque la faim, l'exclusion et l'injustice creusent leur lit dans les consciences, alors surgissent les messianismes dangereux. L'Histoire l'a montré : sans responsabilité politique, sans vision partagée du bien commun, la tentation des extrêmes resurgit – tyrannie ou chaos.

Nous ne pouvons feindre de l'ignorer. Il faut réhabiliter la politique non comme un théâtre de pouvoir, mais comme une mission de justice et de paix. Il faut, avec courage et discernement, défendre l'engagement public contre la dérision, la haine, l'oubli. Car, là où les élus sont méprisés, la démocratie chancelle. Et là où la démocratie se meurt, c'est la liberté qui vacille.

Réparer la politique

John Fitzgerald Kennedy, homme d'État clairvoyant, affirmait qu'à défaut de réformes pacifiques les peuples finissent par se tourner vers des révolutions violentes. De cette vérité brute naît une exigence pressante : que l'engagement politique demeure vigilant, enraciné dans la responsabilité et soustrait aux dérives de l'irresponsabilité.

Soutenir les responsables politiques ne signifie nullement se résigner à leur inaction ni les absoudre de tout devoir d'évolution. La politique n'est pas un simple mécanisme de conquête ou de conservation du pouvoir. Si ce dernier est nécessaire à la gouvernance, il ne saurait justifier sa propre existence ; il doit être sans cesse orienté vers sa fin ultime : le bien commun. Nous entendons fréquemment évoquer l'« intérêt général » – expression technique, parfois abstraite – mais combien plus rarement parle-t-on du « bien commun », que saint Thomas d'Aquin tenait pour le cœur battant d'une politique juste et réaliste.

Les citoyens, s'ils doivent exercer une vigilance critique sur la vie publique, ne doivent pas pour autant céder au mépris facile. Oui, la politique est blessée, parfois défigurée ; mais que serait une société sans ceux qui, avec courage, se dévouent au service de tous ? Le lien fragile qui unit les gouvernants aux gouvernés s'est distendu, miné par la méfiance et les distances creusées. Constat lucide, certes, mais insuffisant : il est temps de s'engager dans une œuvre de réparation, responsable et confiante.

Le pape François, dans une homélie prononcée en 2013, rappelait cette vérité oubliée : un gouvernant ne peut exercer son office s'il n'aime pas son peuple. Sans amour, on administre, on discipline, on ordonne peut-être ; mais on ne gouverne pas. À ceux qui exercent l'autorité, le souverain pontife adresse une double exigence : l'amour et l'humilité. Et il les invite à se poser ces questions simples et redoutables : « Est-ce que j'aime mon peuple, pour mieux le servir ? Suis-je humble, prêt à écouter des voix contraires aux miennes, pour discerner le meilleur chemin ? »

La Bible elle-même appelle à prier pour les autorités. L'apôtre Paul exhorte les croyants à élever des prières, des intercessions et des actions de grâce pour tous les hommes, en particulier pour ceux qui détiennent le pouvoir, afin que la société puisse vivre dans la paix, la dignité et la piété (1 Tm 2,1-2). Ces paroles furent prononcées à une époque où les relations avec les pouvoirs en place étaient souvent hostiles. Il ne s'agit donc pas d'une soumission naïve, mais d'un acte de responsabilité spirituelle. Là où certains se contentent de critiquer et de détruire, le croyant, lui, choisit de prier. Est-ce faiblesse ? attitude mièvre ou inutile ? Pour beaucoup peut-être. Mais pour celui qui croit, c'est une manière d'aimer, de soutenir de l'intérieur ceux qui vivent la charge redoutable de l'autorité.

Notre époque est marquée par un repli sectaire. On soutient ceux qui pensent comme soi, on rejette les autres. Or, la foi chrétienne ne s'accommode d'aucun sectarisme. « Celui qui dit : "J'aime Dieu", et qui n'aime pas son frère, est un menteur », écrit saint Jean (1 Jn 4,20). Le mot « prochain » englobe tous les visages : celui qui partage mes idées, mais aussi celui qui s'en éloigne. La démocratie véritable s'honore de cette capacité à faire vivre les différences, à les confronter dans la paix, à bâtir ensemble malgré les divergences. Elle est l'art, difficile mais noble, du vivre-ensemble civilisé.

Aujourd'hui, la politique souffre d'un divorce entre pouvoir et autorité. Trop souvent, l'ambition supplante le service. L'élu ne devrait pas s'engager pour nourrir son « moi », mais pour servir le « nous ». Lorsque le lien avec ses racines – les convictions fondatrices et la confiance des électeurs – se délite, le politique risque de céder aux mirages du pouvoir pour lui-même, avec ses privilèges, ses stratégies de maintien, ses jeux d'appareil. Cette déviance n'échappe pas aux citoyens. D'où leur sévérité, parfois excessive, mais souvent révélatrice d'un profond malaise : ils perçoivent que la finalité première de la politique, le bien commun, s'efface derrière l'intérêt personnel ou partisan. Or, un élu digne de ce nom ne devrait jamais se servir de son peuple, mais se mettre à son service.

Combien de fois avons-nous assisté, au sein d'un même parti, à des luttes intestines, à des candidatures pléthoriques, à des rivalités fratricides ? Ces querelles d'*ego* offrent un spectacle affligeant. Les électeurs, loin d'être dupes, s'en détournent avec lassitude. La confiance est rompue, le dialogue entre le peuple et ses représentants devenu impossible. Quand l'ambition prend le pas sur la mission, c'est la noblesse même de la politique qui s'effondre.

Pourtant, débattre, confronter les idées, au sein même d'une famille politique, est légitime. Mais cela devrait toujours se faire avec courtoisie, dans le respect de l'autre et pour un bien supérieur. Hélas, les débats parlementaires sont souvent devenus de violents pugilats. L'invective remplace l'argument. L'agression personnelle supplante la discussion d'idées. Comment, dans ces conditions, nos élus pourraient-ils appeler au calme dans les écoles, les quartiers, les familles, s'ils ne donnent eux-mêmes l'exemple du respect ?

L'autre fléau de notre temps est l'érosion de l'autorité. Lorsque le pouvoir devient un but en soi, il perd toute légitimité. Or, l'autorité véritable – du latin *augere*, « faire croître » – élève, rend fécond, ouvre des chemins. Elle n'est ni tyrannie ni autoritarisme. Elle peut favoriser une société plus juste. Mais elle ne peut s'exercer qu'à condition de proximité. L'élu qui se coupe du peuple, de ses peurs, de ses espérances et de ses souffrances devient étranger au réel. Il erre dans un monde abstrait, sans chair ni racines. L'écoute est alors vitale. Plutarque ne disait-il pas que la nature nous a donné deux oreilles et une seule bouche pour écouter deux fois plus que nous ne parlons ? Écouter pour mieux parler. Écouter pour mieux agir.

La disponibilité est également une composante essentielle de l'autorité. Certes, les responsabilités sont lourdes, les emplois du temps saturés. Mais un élu se doit d'être visible, présent, au cœur de la vie sociale. Rien n'est plus salutaire que de voir un responsable politique marcher aux côtés de ceux qu'il sert.

Enfin, la politique a besoin de retrouver deux vertus fondatrices : la simplicité et la liberté. Dans un système devenu souvent technocratique, la simplicité permet d'aller à l'essentiel, avec naturel, intelligence et franchise. La liberté, quant à elle, est aujourd'hui menacée par les jeux d'alliance, les intérêts croisés, les calculs d'appareil. Il est urgent de restaurer une liberté intérieure, affranchie des pressions, au service d'un idéal élevé et désintéressé.

Car c'est ainsi, par une autorité libre, simple, proche et disponible, que nous pourrons réconcilier la politique avec sa vocation première. Une autorité vivante donne une âme au système. Sans elle, la politique devient une mécanique froide ou un monstre vorace.

Et surtout, la politique doit retrouver la vision. Trop souvent réduite à une gestion quotidienne, elle s'enlise dans le court terme. Or, gérer l'ordinaire est nécessaire, mais insuffisant. Il faut aussi offrir une espérance, élargir l'horizon, élever les consciences, ouvrir des chemins. Une vision ne fuit pas la réalité : elle la transfigure. Elle donne souffle et courage, en s'appuyant sur la créativité, l'audace et l'intelligence collective. Voilà la mission profonde de la politique : faire de notre diversité une fécondité.

Changer de mentalité

À contempler la scène internationale, inquiétante et tourmentée, à observer la prolifération tragique des meurtres, des attentats, des violences infligées aux enfants et aux jeunes jusque dans les collèges et les lycées – où, pour un simple téléphone, on peut blesser, tuer, arracher une vie –, à constater les atteintes faites aux plus vulnérables, aux femmes maltraitées, aux pauvres relégués, aux étrangers perçus comme des menaces, une question, lancinante, s'impose de nouveau : comment cette violence a-t-elle pu devenir si étrangement banale, presque ordinaire ?

Face à l'énumération incessante des faits divers que déroulent nos écrans et nos journaux, on pourrait céder au doute, renoncer à l'idéal d'une société paisible, fraternelle, solidaire. Et pourtant, c'est bien ce doute qui marque notre époque. Il est certain que l'omniprésence de la violence façonne aujourd'hui une mentalité nouvelle, une disposition d'âme singulière dans les sociétés occidentales. La violence est un langage sans relation, un cri sans écoute. Elle installe un climat de dureté, une fermeture du cœur, un fatalisme morne : le monde va mal, la société nous écrase ; il faut dès lors se méfier de tout, se protéger de tous.

Il manque à notre vie commune un idéal d'unité. Les liens humains ont perdu leurs fondations philosophiques, spirituelles, philanthropiques. Comme une banquise qui se fissure, notre tissu social se fracture, nos repères fondent, et les valeurs traditionnelles qui assuraient une certaine stabilité se dissolvent lentement. Ni la politique ni l'économie ne sont en mesure de régénérer cette harmonie relationnelle. Leur pouvoir ne s'étend pas jusqu'à l'âme.

Depuis la fin du XXe siècle, une confusion s'est installée entre l'amour véritable et l'affection passagère. Cette confusion n'est pas anodine ; elle est lourde de conséquences. L'amour, par essence, est une force puissante, oblative, offerte. Il se construit dans la durée, dans l'épreuve, dans la fidélité. Mais aujourd'hui, l'amour se fait sélectif, conditionnel, amoindri. Il se laisse réduire à l'affection, ce sentiment fragile, éphémère, subjectif, qui naît d'une attirance, d'un plaisir, d'une émotion. Par l'affection, on s'attache à ceux qui nous ressemblent, à ceux qui partagent nos goûts, nos opinions, nos habitudes. On aime ceux qui nous sont familiers : les animaux, la nature, la mode, le sport, l'art, la musique. Mais cet amour demeure en surface, il ne descend pas dans la profondeur de l'être.

Or, l'affection ne suffit pas à fonder une société. Elle ne conduit pas aux gestes nobles, capables d'accueillir l'étranger, d'ouvrir la porte à celui qui n'est pas comme nous, de reconnaître en l'autre un frère. Ceux qui ne partagent pas notre univers sont regardés avec indifférence, parfois même avec méfiance. Ils ne suscitent ni intérêt, ni tendresse, ni respect. Ainsi, dans nos sociétés occidentales, c'est le drame silencieux : l'amour véritable s'est comme évaporé. On en parle, on en rêve, on le chante dans les films et les chansons, mais on n'y croit plus vraiment. Il est devenu fugace, inconsistant.

Or, une société qui ne s'aime pas est une société qui souffre. Une société qui ne s'aime pas ne peut ni avancer ni espérer. Elle se fige, paralysée. « L'amour est une force de création », disait saint Maximilien Kolbe. Là où il fait défaut, rien ne se crée, rien ne croît. Certes, nous ne pouvons aimer chacun de la même manière, avec la même intensité. Mais il n'est pas possible de déléguer aux pouvoirs politiques ou économiques la charge de prêcher l'amour. Leur rôle, tout au plus, est de créer les conditions de l'espérance. L'amour, lui, doit être incarné, visible, crédible, porté par des hommes et des femmes animés de cette foi en l'humanité.

Aujourd'hui, pourtant, nous voyons un pays, un monde, où l'on ne s'aime plus. Des fossés s'ouvrent entre les personnes, les groupes, les communautés. Comment espérer, dès lors, réenchanter la société si l'amour est absent, si les liens se délitent, si la division l'emporte sur l'unité ?

Il est pertinent de réfléchir aux paroles prononcées par le pape Léon XIV lors de son discours devant le corps diplomatique accrédité auprès du Saint-Siège. Quelques jours après son élection, il engageait une réflexion sur la paix, la justice et la vérité :

« Le premier mot est paix. Trop souvent, nous considérons ce mot comme “négatif”, c'est-à-dire comme la simple absence de guerre et de conflit, car l'opposition fait partie de la nature humaine et nous accompagne toujours, nous poussant trop souvent à vivre dans un "état de conflit" permanent : à la maison, au travail, dans la société. La paix semble alors n'être qu'une simple trêve, une pause entre deux conflits, car, malgré tous nos efforts, les tensions sont toujours présentes, un peu comme des braises qui couvent sous la cendre, prêtes à se rallumer à tout moment.

« Dans la perspective chrétienne – comme dans d'autres expériences religieuses – la paix est avant tout un don, le premier don du Christ : "Je vous donne ma paix" (Jn 14, 27). Elle est cependant un don actif, engageant, qui concerne et implique chacun de nous, indépendamment de notre origine culturelle et de notre appartenance religieuse, et qui exige avant tout un travail sur soi-même. La paix se construit dans le cœur et à partir du cœur, en déracinant l'orgueil et les revendications, et en mesurant son langage, car on peut blesser et tuer aussi par des mots, pas seulement par des armes.

« Notre réflexion a tracé un chemin pour expérimenter cette paix du cœur, cette paix des cœurs. Celui qui s'y engagera goûtera la joie de vivre dans la paix. Peut-être découvrira-t-il aussi l'auteur de toute paix, ce Dieu de paix qui nous fait vivre.

« Le deuxième mot est justice. Dans le changement d'époque que nous vivons, on ne peut s'empêcher de faire entendre sa voix face aux nombreux déséquilibres et injustices qui conduisent, entre autres, à des conditions de travail indignes et à des sociétés de plus en plus fragmentées et conflictuelles. Il faut également s'efforcer de remédier aux inégalités mondiales, qui voient l'opulence et la misère creuser des fossés profonds entre les continents, entre les pays et même au sein d'une même société.

« Il incombe à ceux qui possèdent des responsabilités gouvernementales de s'efforcer à construire des sociétés civiles harmonieuses et pacifiées. Cela peut être accompli avant tout en misant sur la famille fondée sur l'union stable entre un homme et une femme, "une société très petite sans doute, mais réelle et antérieure à toute société civile". En outre, personne ne peut se dispenser de promouvoir des contextes où la dignité de chaque personne soit protégée, en particulier celle des plus fragiles et des plus vulnérables, du nouveau-né à la personne âgée, du malade au chômeur, que celui-ci soit citoyen ou immigrant… Au cours de la vie, chacun d'entre nous peut se retrouver en bonne santé ou malade, avec ou sans emploi, dans sa patrie ou en terre étrangère : cependant sa dignité reste toujours la même, celle d'une créature voulue et aimée de Dieu.

« Le troisième mot est vérité. On ne peut construire des relations véritablement pacifiques […] sans vérité. Là où les mots revêtent des connotations ambiguës et ambivalentes où le monde virtuel, avec sa perception altérée de la réalité, prend le dessus sans contrôle, il est difficile de construire des rapports authentiques, puisque les prémisses objectives et réelles de la communication font défaut.

« Pour sa part, l'Église ne peut jamais se soustraire à son devoir de dire la vérité sur l'homme et sur le monde, en recourant si nécessaire à un langage franc qui peut au début susciter une certaine incompréhension. Mais la vérité n'est jamais séparée de la charité qui, à la racine, a toujours le souci de la vie et du bien de tout homme et de toute femme. D'ailleurs, dans la perspective chrétienne, la vérité n'est pas l'affirmation de principes abstraits et désincarnés, mais la rencontre avec la personne même du Christ qui vit dans la communauté des croyants. Ainsi, la vérité ne nous éloigne pas, mais au contraire elle nous permet d'affronter avec plus de vigueur les défis de notre temps comme les migrations, l'utilisation éthique de l'intelligence artificielle et la sauvegarde de notre Terre bien-aimée. Ce sont des défis qui exigent l'engagement et la collaboration de tous, car personne ne peut penser les relever seul. »

La confiance désertée, comme un lien rompu

Qui donc accorde encore sa confiance, en ce temps où l'âme se ferme et où les relations humaines s'ankylosent ? Par la crainte que nous inspire désormais autrui, par les replis successifs de nos existences sur elles-mêmes, nous avons érigé la peur en principe de survie. L'autre, dès qu'il échappe au cercle restreint des familiers, devient une menace silencieuse. Aussi nous entourons-nous d'un clan, d'un réduit d'affection, comme si nous pouvions nous prémunir du monde en l'ignorant. L'instinct de conservation, que nous pensions relégué aux temps archaïques, resurgit, travesti en prudence. Mais ce réflexe, tout humain qu'il est, devient dangereux lorsqu'il s'érige en loi. Car il est un obstacle majeur à la rencontre, à cette aventure décisive où l'homme se découvre dans le regard de l'autre.

Le repli tribal menace notre devenir commun. Nous ne soupçonnons plus que l'inconnu peut être porteur de bonté, qu'il peut élargir notre monde intérieur, offrir une lumière nouvelle sur ce que nous sommes. L'autre n'est ni à mépriser ni à écarter : il est une chance offerte, un appel discret à dépasser nos frontières.

Autrefois – et il ne s'agit pas ici de céder à une nostalgie stérile ni de pratiquer une archéologie sentimentale des relations passées –, la confiance appartenait au tissu vivant de la société. Étions-nous plus candides ? Vivions-nous dans un monde moins tendu ? Il est certain que l'écoute, alors, se pratiquait avec plus de naturel. On prêtait l'oreille au médecin, au notaire, à l'avocat, au prêtre : non par soumission aveugle, mais parce que leur parole portait l'autorité de l'expérience et de la responsabilité. Aujourd'hui, toute figure d'autorité est scrutée, soumise au soupçon, parfois dénigrée avant même d'avoir parlé. Le discours politique est accueilli avec distance, souvent avec sarcasme ; les responsables économiques suscitent plus de rejet que de réflexion ; quant aux médias, leur bavardage ininterrompu ne dissipe pas la méfiance qu'ils engendrent. Chacun écoute selon ses affinités idéologiques non pour entendre, mais pour confirmer ou exaspérer ses convictions.

La religion, reléguée aux marges, ne porte plus de transcendance partagée. La spiritualité, dissoute dans l'intime, ne structure plus l'horizon commun. La philosophie, jadis lanterne des peuples, est presque absente du débat social. Or, une société peut-elle s'élever sans pensée ? Dans ce désert de confiance, l'opinion d'autrui devient suspecte ; la parole étrangère, un danger. Alors l'on se replie, l'on se cloître, croyant se protéger en se murant.

Certes, il ne s'agit pas d'idéaliser une naïveté candide ni de renoncer à la vigilance ; mais le déséquilibre actuel engendre un trouble profond et douloureux. Le discernement a cédé la place au soupçon systématique.

Et pourtant, la confiance est le souffle vital de toute vie sociale. Sans elle, nulle institution ne tient debout, nul projet ne s'élabore, nulle œuvre ne s'accomplit. En son absence, la peur et la résignation s'installent, et l'homme cesse d'agir. L'existence commune devient invivable, car elle repose sur cette foi implicite que chacun met en l'autre. Je monte dans un avion parce que je crois à la préparation du pilote ; je dîne au restaurant sans crainte d'être empoisonné ; je me laisse opérer parce que je reconnais la science du chirurgien.

Anéantir la confiance, c'est ruiner les fondements mêmes de la vie partagée. Car c'est toujours, en définitive, de la parole, du regard et des gestes des autres que dépend la qualité de notre propre vie.

L'idole contemporaine : l'individu roi

Dans les régimes totalitaires, l'individu se dissout dans la masse, englouti dans l'anonymat d'un peuple sans visage. À l'inverse, nos sociétés occidentales, au nom de la liberté conquise de haute lutte, élèvent l'individu au rang de valeur suprême, allant jusqu'à l'idolâtrer, parfois au détriment de sa vocation sociale et relationnelle. Des bibliothèques entières ont été consacrées à cette montée en puissance de l'individualisme. Certains y discernent l'aboutissement d'un long combat pour l'émancipation personnelle, la consécration d'une autonomie jadis rêvée ; d'autres, plus inquiets, y voient l'apogée d'un égoïsme corrosif, d'un repli sur soi qui mine insidieusement le tissu social. Les psychologues, quant à eux, y déplorent une dérive tragique : celle qui rompt les liens de la convivialité humaine et fait vaciller l'édifice de l'harmonie collective.

Ce phénomène n'est pas entièrement nouveau. Jadis, l'individualisme s'inscrivait dans un cadre moral : l'affirmation de soi s'ancrait dans une éthique partagée, balisée par des repères communs. Aujourd'hui, tout semble soumis au prisme du subjectif. Le « moi » s'exalte, se gonfle, s'impose – non plus comme une simple singularité, mais comme une autorité souveraine et incontestable. Dès lors, toute forme d'autorité extérieure devient suspecte. Les figures tutélaires – le maire, le professeur, le médecin, le prêtre, le policier, le pompier – ne sont plus perçues comme garantes de l'ordre ou protectrices du bien commun, mais comme des menaces à la sacro-sainte liberté individuelle. C'est ainsi qu'un glissement subtil mais profond s'opère : on oppose artificiellement liberté et autorité, comme si l'une excluait nécessairement l'autre.

Chacun veut régner dans son propre royaume, sanctuarisé, inviolable. À l'image des univers virtuels qu'il se façonne sur mesure, l'homme contemporain s'invente un monde à la démesure de ses désirs. Et pourtant, dans une société véritablement adulte, l'autorité n'écrase pas la personne ; elle la structure, la protège, l'élève. De son côté, la personne, si elle est réellement mûre, honore l'autorité comme une alliée de sa liberté. Le lien secret qui unit ces deux pôles s'appelle la confiance. Or, cette confiance, ferment de toute vie commune, semble aujourd'hui se fissurer sous l'effet d'attitudes de repli, de comportements d'évitement, de crispations individualistes.

Nous avons quitté l'univers de l'appartenance, où une transcendance partagée unifiait le groupe, pour entrer dans celui de l'autosuffisance, où la dépendance à l'autre est vécue comme une entrave. L'idée même d'appartenir à une communauté, d'être inséré dans un corps social, paraît à certains une atteinte à leur liberté personnelle. C'est oublier que toute relation humaine, quelle qu'elle soit – familiale, professionnelle, sociale ou spirituelle – repose sur une interdépendance organique et féconde. L'individualisme, lui, rêve d'un être qui se suffirait à lui-même, amputé de l'autre, réfractaire à l'altérité, incapable de réciprocité.

Des sociologues, observateurs attentifs des mutations anthropologiques, n'hésitent pas à emprunter aux sciences du vivant pour illustrer ce bouleversement. Nous serions passés, affirment-ils, d'un modèle de développement inspiré des vivipares à celui des ovipares. Les premiers – mammifères, hommes inclus – naissent vulnérables, dépendants de la mère et du groupe, et doivent être initiés à la vie pour devenir, à leur tour, des adultes autonomes et insérés dans la communauté. Les seconds – reptiles, tortues, poissons – écloront autonomes, livrés à eux-mêmes dès la naissance, vivant sans transmission ni accompagnement.

Or voilà que nombre de nos contemporains, et particulièrement les plus jeunes, revendiquent une autonomie semblable à celle des ovipares. Grâce à leurs interfaces numériques, ils se construisent des existences parallèles, des identités fragmentées, des avenirs déconnectés de toute filiation. Leur horizon se résume à l'écran qu'ils tiennent en main. Ils s'entourent de milliers de « likes », gèrent leur vie sociale comme on administre un compte, mais restent paradoxalement dépendants du regard d'autrui. Ils aspirent à l'indépendance, tout en restant prisonniers de l'obsession du contact permanent. Sans cet écho du monde, ils se sentent effacés, disqualifiés, invisibles. Ainsi naît ce paradoxe cruel : une humanité hyperconnectée, mais profondément désaccordée de sa propre vie.

Dans ce contexte, notre époque valorise l'émotionnel, l'instantané, l'éphémère. Si aucun travail personnel et collectif n'est entrepris pour apprivoiser la vie avec les autres, le moi sensible, réactif, égotique, domine. Il s'attache à ce qui flatte, rejette ce qui contraint. L'Occident moderne a lié l'individu à son *ego* plus qu'à son être profond. Moins d'*ego* signifierait moins de narcissisme, moins d'arrogance, moins de suffisance. Plus de moi, au contraire, ouvrirait à la consistance intérieure, à la résilience, à l'intégration. Tandis que l'*ego* cultive le personnage social, le moi soigne la personne véritable.

C'est de ce passage, de l'*ego* au moi, puis du moi au nous, que devrait naître une humanité adulte, capable de relations véritables. Mais l'on constate avec tristesse que l'homme supposé « adulte » semble figé dans le principe de plaisir, prisonnier d'un hédonisme adolescent, incapable d'envisager d'autres stades de croissance. L'individualisme, en ce sens, assèche la fraternité : il empêche le moi d'accéder à la maturité du nous. Chacun devient le gestionnaire exclusif de sa propre existence, sourd à la présence des autres. Et l'homme occidental, enfin, se fait législateur de lui-même – maître et mesure de tout, mais peut-être, à terme, orphelin de l'essentiel.

L'érosion du tissu relationnel

La fraternité est-elle autre chose qu'une relique gravée sur les frontons républicains de nos mairies ? Elle n'a plus droit de cité dans le cœur des hommes. On la connaît, certes, mais on feint de l'ignorer. Elle est citée, louée parfois, mais rarement incarnée. Peut-être, en ce domaine, sommes-nous, comme en religion, fervents croyants mais médiocres pratiquants. La fraternité, mot sublime entre tous, demeure un idéal sans chair dès lors qu'elle n'est point vécue ; elle se fige alors dans les limbes du concept, privée de souffle et de corps.

Notre époque, si prompte à parler d'amour, à prêcher la fraternité sur toutes les tribunes, s'est paradoxalement rendue incapable d'en faire l'expérience concrète. L'amour, à force d'être proclamé sans être vécu, ne nous unit plus. Il devient un vernis moral sur une humanité désunie. Or, les signes de fracture, les tensions croissantes, les violences ordinaires ne cessent de nous alerter non pour dresser un énième réquisitoire contre notre temps, mais pour nous exhorter à chercher des voies de réparation.

Nous en sommes convaincus : les religions, mais aussi les sagesses philosophiques, le sport, les arts, la culture, le tissu associatif – tout ce qui, dans une société, élève l'âme – doivent se coaliser pour servir la cause de la fraternité. La politique, si noble soit-elle dans ses intentions, ne saurait gouverner l'humain à coups de lois et de décrets. Face à ce que d'aucuns nomment une « décivilisation », engendrée par la banalisation de la violence, il est temps non seulement de sanctionner lorsque c'est nécessaire, mais plus encore de promouvoir une authentique éducation.

On évoque souvent, au sein des familles, l'épanouissement des enfants – mais de quel épanouissement s'agit-il, s'il n'est que ludique et affectif ? Une croissance qui ne s'accompagne pas de formation intellectuelle et morale est vaine. L'éducation, ce mot si ancien et si essentiel, doit redevenir une priorité. Famille, école, spiritualité : ces piliers doivent s'unir pour enseigner aux jeunes l'art de vivre ensemble, dans le respect et la joie partagée. Peut-on tolérer que des adolescents de treize ans soient poignardés ? Peut-on s'habituer à ce que les réseaux sociaux relayent sans fin les humiliations, les actes dégradants, les persécutions, les drames vécus par des enfants ou des adolescents ?

La morale ne se transmet plus comme une évidence, comme un héritage. Or, ce déficit ne se résoudra pas par l'inflation des sanctions. Il faut, humblement mais résolument, remonter à la source du mal.

Nous ne saurions adhérer à cette vision fataliste qui fait de la violence une loi naturelle de la société, comme l'enseignait Hobbes en proclamant que l'homme est un loup pour l'homme. Il serait funeste de croire, à l'instar de Sartre, que « l'enfer, c'est les autres », ou de s'abandonner à la résignation nietzschéenne d'un homme tendu entre la bête et le surhomme, tel un fil au-dessus du vide.

Hobbes postulait que le mal réside au cœur de la nature humaine et que seule la force de l'État pouvait contenir la violence. Rousseau, tout en croyant à la bonté originelle, en appelait lui aussi à une autorité forte pour éviter la régression vers un état sauvage. Tous deux plaçaient leur espoir dans le pouvoir politique pour réguler les passions humaines.

Mais l'autorité véritable commence ailleurs ; elle débute dans la cellule familiale. C'est là, dans l'intimité des liens premiers, que se forge le sens du respect, de la parole donnée, de l'altérité. L'urgence éducative est réelle : elle ne peut être différée. Les parents ne doivent pas abdiquer devant la rudesse de leur mission. L'État, les institutions, la société tout entière doivent soutenir la famille, afin qu'elle puisse transmettre non seulement des savoirs, mais aussi le goût du bien et du juste.

Faute de quoi, deux logiques se substituent à la raison : celle de la force, où chacun brandit la plainte comme une arme, et celle du victimisme, où chacun crie sa souffrance sans chercher de remède. Il n'est pas rare, aujourd'hui, que des parents portent plainte contre des enseignants, et des enseignants contre des parents, dans une spirale de violence verbale et parfois physique. L'école est-elle condamnée à devenir un théâtre de méfiance et d'affrontements ? Une société qui se laisse gouverner par l'émotion et déserte la raison ne peut espérer un vivre-ensemble apaisé.

La distance érigée en mode d'existence

L'individualisme, la méfiance et la violence insidieuse de notre époque dissolvent lentement les liens de la fraternité, comme la banquise se morcelle sous l'effet d'un soleil trop ardent. Les autres ne sont plus perçus comme des visages fraternels, mais comme des menaces latentes, des dangers tapis dans l'ombre. Ainsi, la vie sociale devient un long calvaire, un chemin semé d'épines, où les gestes les plus simples et les relations les plus ordinaires s'emplissent d'anxiété.

Combien de fois n'entend-on pas ces confidences douloureuses : partir travailler « la boule au ventre », redouter la moindre interaction, s'inquiéter du moindre accroc ? L'angoisse devient compagne du quotidien, et le plus insignifiant des problèmes ébranle l'âme comme une tempête intérieure. Pour survivre, certains se dissimulent derrière des attitudes théâtrales, se protègent sous le masque du paraître ou s'effacent purement et simplement de toute vie sociale non essentielle. Ces stratégies, malhabiles et désespérées, sont autant de tentatives pour se préserver du regard des autres.

Autrefois, on vivait à la fenêtre, observant et commentant les passants dans la lumière des jours. Aujourd'hui, ce sont les fenêtres numériques des réseaux sociaux qui ont remplacé les balcons d'antan : tout y est vu, disséqué, jugé. Mais la rudesse des opinions, l'acidité des jugements, suscitent désormais le repli plutôt que la rencontre. Par peur d'être exposé, humilié ou mal compris, chacun se retire de la scène sociale, préférant l'ombre à la lumière.

Dans cette société où l'éthique vacille, le téléphone portable devient parfois une arme de fragilisation massive. Il capte sans votre assentiment une image, un mot, un geste, et les livre en pâture à des foules invisibles. Une conversation volée, un moment intime exposé, un propos détourné hors de son contexte, suffisent à transformer un instant de paix en piège. La technique, sans éthique, devient destructrice : elle ruine la liberté et piétine la dignité humaine.

On comprend alors la défiance croissante envers autrui. Dans tous ces comportements, c'est le respect fondamental de la liberté d'autrui qui fait défaut. Ces distances relationnelles que nous instaurons ne sont, souvent, que le fruit d'une peur ancienne ou d'une blessure encore vive. Pourtant, la vraie normalité des rapports humains devrait être tissée de respect, de dignité et de simplicité. Mais notre époque, en célébrant les failles et les zones d'ombre de chacun sur la place publique, pousse les êtres à se barricader derrière des murailles de silence et de méfiance, comme pour ne pas être livrés à l'infamie.

L'art funeste de disséquer les êtres

Le proverbe, dans la sagesse d'une image suggestive, nous enseigne que « les tonneaux vides font le plus de bruit ». Cette sentence populaire, d'une vérité presque douloureuse, trouve aujourd'hui un écho saisissant dans la violence des mots qui circulent parmi nous. Car notre époque, saturée de crispations et d'hostilités voilées, révèle par la dureté de son lexique les blessures invisibles des relations humaines.

Il n'est pas rare, désormais, d'entendre des jugements péremptoires assenés avec une désinvolture troublante : « ta supérieure est une manipulatrice », « ton collègue, un pervers narcissique », « mon chef cherche à me dominer ». Ainsi, toute demande, toute initiative, toute responsabilité – professionnelle – peut être ressentie comme une agression. Il suffit d'un mot, d'un geste, pour que l'on s'écrie : « il me harcèle », « elle m'opprime ». Se poser en victime devient une manière commode de délester sur l'autre le poids de sa propre responsabilité. Le soupçon s'est installé comme un second souffle ; la présomption de culpabilité l'emporte sur l'intention réelle.

Dans ce climat d'hypersensibilité, la moindre exigence devient suspecte, et l'absence de sollicitation, une forme d'abandon. Nous vivons sur le qui-vive, dans une tension permanente, nourrie d'une méfiance qui ronge le tissu même du lien social.

À cela s'ajoute un autre phénomène délétère : l'usage disproportionné des qualificatifs visant l'entourage. La parole se déchaîne, souvent avec violence, et se répand comme un poison dans les circuits d'information. La rumeur, parfois mensongère, souvent malveillante, vise à détruire, à discréditer, à entacher une réputation. Dans le tumulte d'un conflit – qu'il soit amical, familial ou professionnel – l'instinct moderne n'est plus celui du silence ou de la discrétion, mais celui de la publicité. Faut-il vraiment livrer aux réseaux sociaux les heurts intimes de nos vies ? L'espace privé devient spectacle, et la souffrance, contenu.

Ce qui relevait jadis d'un différend entre deux personnes devient, sous le feu des projecteurs numériques, une affaire publique. Et aussitôt, les juges autoproclamés s'empressent de prendre parti, sans connaître les faits, sans entendre les nuances. Le plaignant, dans un élan de simplification brutale, caricature l'autre, l'expose, le dissèque, l'assombrit. Et l'opinion se prononce – péremptoirement, superficiellement.

Face à de véritables litiges, ne serait-il pas plus juste, plus noble, de se tourner vers les voies instituées de la justice, plutôt que de livrer les personnes à la vindicte aveugle de la foule numérique ?

Il faut le dire : accéder aujourd'hui à une responsabilité publique ou sociale relève presque de l'ascèse. Qu'un homme ou une femme soit nommé ministre, ou désigné à la tête d'une organisation – qu'elle soit économique, culturelle ou spirituelle –, et aussitôt commence l'inquisition. On fouille, on traque, on questionne sa pureté morale et professionnelle : « A-t-il des casseroles ? Est-il digne ? » Et ce n'est plus la justice qui se prononce, mais l'arène de l'opinion, toujours prompte à juger, jamais à comprendre. Cette attitude, devenue habituelle, manifeste un déficit de maturité relationnelle, une grande insécurité sociale et la place disproportionnée de la peur qui nous habite.

Il est juste, certes, que toute ambition soit accompagnée d'un regard critique. Il est bon de débusquer les abus de pouvoir, les logiques de profit déguisées, les manipulations tapies dans l'ombre. Mais il est tout aussi nécessaire que ce regard soit éclairé par l'éthique, animé par le souci du vrai, et non par l'avidité de scandale.

Hélas, nous passons d'un excès à l'autre : du laxisme à la suspicion maniaque, de l'indulgence aveugle au rigorisme impitoyable. Il nous faut retrouver le sens de la mesure, de la justice, et, peut-être, de la miséricorde.

Le goût amer des polémiques sans fin

Il est des paroles de saint Paul qui, traversant les siècles, conservent intacte leur force de frappe et d'éveil. Celle-ci, tirée de son épître aux Galates, nous poursuit et nous trouble : « Si vous vous mordez et vous dévorez les uns les autres, prenez garde que vous ne soyez détruits les uns par les autres » (Gal 5,15). À son époque déjà, la vie communautaire se révélait périlleuse. Paul ne s'encombre pas de circonlocutions ; il nomme avec rudesse la violence sourde qui mine les relations humaines. Il parle de mordre et de dévorer, empruntant à l'éthologie animale le lexique des prédateurs. Faut-il croire que notre époque, saturée de crispations, souffre elle aussi d'une forme de prédation relationnelle ?

La violence verbale, aujourd'hui, ne se cache plus. Elle éclate, s'infiltre, s'impose dans le moindre échange. On se mord, à belles dents, et l'on se dévore à pleines mâchoires. La polémique s'est imposée comme mode d'expression privilégié du désaccord. Mais elle ne connaît ni le murmure ni la nuance. Elle ne construit pas, elle fustige. Elle ne contredit pas, elle ravage. Et le plus grand péril, c'est que cette manière d'interagir s'installe peu à peu dans les mœurs, jusqu'à devenir normale, banale, attendue. Peut-on vraiment approuver cette brutalité ordinaire ? Est-elle l'expression naturelle d'une démocratie mature, ou bien le stigmate d'un lien social délité ?

Nous ne le croyons pas. Les choses les plus insignifiantes – propos de comptoir, opinions sans fond, jugements à l'emporte-pièce – se voient aujourd'hui amplifiées jusqu'à frôler l'absurde. Tout devient sujet d'émoi. On commente, on réagit, on interprète à la hâte, on s'agite, et l'on sème la confusion pour une poussière de mot. Ainsi, notre existence semble se construire sur l'écho que produit la parole des autres, et non sur la solidité d'une parole intérieure. Quelle vacuité ! Nous vivons à l'extérieur de nous-mêmes, hyperconnectés aux ondes du monde, mais profondément déconnectés de notre intériorité. À l'excès de superficialité répond le déficit d'âme.

Dans cette logique médiatique insatiable, le mécanisme est toujours le même. Il suffit d'une opinion, d'une déclaration, parfois anodine, pour allumer l'étincelle. On gonfle artificiellement l'enjeu. On brandit un désaccord présenté comme fondamental. On crée la polémique. Puis on la nourrit comme un feu sacré. Chacun doit alors se positionner, pour ou contre, avec une ardeur fébrile, comme si l'équilibre du monde en dépendait. Les esprits faibles s'enflamment. L'émotion devient leur boussole. Et dans ce grand théâtre des vanités, chacun se rêve acteur. Il faut exister, fût-ce en hurlant.

Mais tandis que l'on débat à grand fracas, nul ne prend la mesure des dommages infligés. Ceux que la polémique désigne – à tort ou à raison – comme fautifs en sortent souvent meurtris, salis, humiliés. On piétine leur dignité au nom du droit à l'indignation. Puis, sitôt cette controverse consumée, une autre la remplace. Un autre nom, une autre phrase, une autre cible. C'est une chaîne sans fin, un carnaval de violences infantiles, qui se répand comme une peste morale. Cette mécanique est mortifère. Ce sadisme médiatique fissure le tissu social et engendre un climat délétère.

Déjà, dans les Écritures, l'homme était averti des ravages d'une parole sans pitié : « Je suis au milieu de lions, couché parmi les bêtes féroces ; leurs dents sont des lances et des flèches, leur langue est une épée acérée » (Ps 56,5). Ce psaume pourrait être écrit aujourd'hui. Car le venin des mots tue encore. Et plus que jamais, il nous faut choisir : participer au tumulte ou travailler à la paix ; mordre et dévorer, ou bénir et relever.

Une vie appauvrie par l'amertume

Dans un climat relationnel alourdi par les tensions, l'un des premiers symptômes que l'on perçoit est la tristesse – une tristesse sourde, tenace, qui imprègne les regards et les silences. Lorsque l'espace social devient un champ de confrontation permanente, où chaque mot, chaque geste, chaque opinion est scrutée, contestée, opposée, alors l'existence elle-même devient un effort. Affirmer sa conviction ou défendre son identité au milieu d'un tumulte de suspicions et de contestations revient à mener un combat épuisant, une forme d'agonie lente, tissée de méfiance.

La sagesse de l'Évangile, dans sa clairvoyance douce, nous invite à la prudence et à la lucidité avant d'émettre des jugements tranchants sur autrui. « Qu'as-tu à regarder la paille dans l'œil de ton frère, alors que la poutre qui est dans ton œil, tu ne la remarques pas ? » (Lc 6,41.) Cette question, d'une portée vertigineuse, nous renvoie à notre propre cécité morale. Pourtant, nous nous adonnons volontiers au spectacle des fautes des autres, nous les mettons en lumière, les décortiquons, les exposons, oubliant nos propres failles avec une facilité troublante.

De cette habitude naît une mentalité procédurière, presque inquisitoriale. Certains s'érigent en justiciers, menant leurs enquêtes, examinant les parcours, fouillant les discours à la recherche de la moindre ombre, du plus petit faux pas à dénoncer. Cette pratique est délétère, destructrice ; elle empoisonne les relations et érode la confiance. Dans les sphères économiques, politiques ou associatives, des responsables conservent scrupuleusement leurs courriels, leurs messages, leurs échanges numériques, comme autant de pièces justificatives d'une future défense. D'autres, à l'affût, dissèquent les propos de leurs supérieurs, espérant y déceler une trace de harcèlement, d'arrogance ou d'irresponsabilité. Ce climat est irrespirable. L'angoisse s'installe, la méfiance s'incruste dans les replis les plus intimes de notre conscience. Et l'on ne peut que constater, avec un soupir, la montée inexorable d'une tristesse sociale.

Un adage ancien rapporte que « les esprits élevés discutent des idées, les esprits moyens des événements, les esprits faibles des personnes ». Où nous situons-nous, collectivement ? Voulons-nous vraiment être les esprits faibles de la vie sociale ?

Nous avons érigé entre nous des murs invisibles, mais bien réels, empêchant l'éclosion de relations simples, naturelles, offertes sans calcul. Notre formation – ou, plutôt, notre déformation – nous pousse à situer chaque rencontre sur un échiquier binaire : droite ou gauche, homme ou femme, riche ou pauvre, croyant ou athée, tradition ou modernité, employeur ou salarié, l'individu contre le collectif… Tout semble conçu dans l'opposition. La diversité, la complémentarité, l'altérité ne sont plus perçues comme des richesses, mais comme des menaces. Et cette vision du monde, fondée sur le clivage, engendre des pathologies sociales profondes – des cancers de la relation humaine, qui éveillent en nous des réactions primitives. La haine, lorsqu'elle s'infiltre, ne détruit pas seulement le lien, elle ronge l'être de l'intérieur.

Au fond de tout homme, il y a une faille. Une blessure affective, un mal-être têtu. Dans une société où la suspicion est reine, les accusations fusent, les oppositions se radicalisent, les comportements deviennent exacerbés. L'autre n'est plus un vis-à-vis, il devient un fardeau, parfois un ennemi. Alors nous adoptons une posture de défense permanente, et la cohabitation devient insupportable. Ce que nous nommions jadis « vivre ensemble » semble désormais un rêve lointain. Il est tragique de constater que nous avons, d'un commun accord tacite, signé l'arrêt de mort de la confiance.

Dès lors, il ne faut pas s'étonner – même si les médias feignent la surprise – que la société soit en état de dépression latente : la joie de vivre s'éteint, la santé mentale vacille, les suicides se multiplient, les anxiolytiques s'écoulent par millions, et chez les plus jeunes, un malaise profond s'installe. Devant ce tableau sombre, nous ne pouvons ni détourner le regard ni céder au fatalisme. L'être humain peut traverser des ténèbres parce que « la lumière brille dans les ténèbres » (Jn 1,5). Mais il ne saurait accepter que l'ombre devienne la norme.

Il faut oser regarder ce mal-être dans les yeux. La violence ambiante, l'érosion des repères, la perte d'idéaux, la peur de l'autre, le réflexe de survie, les fragilités intérieures : tout cela enferme l'homme contemporain dans une existence sans saveur, sans élan, sans vibration. Mais alors… Qui nous soutient, quand tout vacille ? Vers qui nous tournons-nous aux heures sombres ? Famille ? Amis ? Accompagnateurs ? Thérapeutes ? Et, question plus bouleversante encore : qui nous aime véritablement ? Existe-t-il autour de nous des présences libres, bienveillantes, prêtes à nous porter sans condition ? La tristesse de notre société se guérit avec un amour infini.

Le relativisme qui gouverne notre époque a sapé les fondements de toute autorité éclairante, de toute parole structurante. En niant toute référence stable, il a vidé de sens les repères qui nous aidaient à grandir. Ce relativisme, loin d'être neutre, est violent. Il a rendu notre vie sociale friable, presque illisible. Et c'est là, peut-être, le cœur de notre malheur.

Des existences fragiles, en quête de sens

Dans cet écosystème saturé d'angoisses, un mal discret mais profond s'insinue au cœur de nos relations humaines : la fragilité. Celle-ci ne procède point d'un simple trouble passager ; elle est nourrie d'abdications intimes, de renoncements successifs et d'une victimisation rampante. De cette conjonction naît une infantilisation insidieuse du tissu social, où chacun, dépossédé de sa vigueur intérieure, peine à affronter la complexité du vivre-ensemble.

Nos sociétés occidentales peinent à édifier une paix sociale durable. La peur des autres – et, peut-être plus encore, la peur de soi – ronge la confiance réciproque. Les fatigues relationnelles, nourries de violences larvées et de distances affectives, affaiblissent les capacités d'endurance et de résistance. « Prenez pour modèles d'endurance et de constance les prophètes, ceux qui tiennent bon » (Jc 5, 10-11). On ne tient plus dans l'épreuve : on se retire, on s'épuise, on abdique. L'architecture intérieure chancelle. Il n'est pas rare de rencontrer des corps affermis, entraînés, puissants – mais habités par des âmes amorphes, privées d'élan.

Tolkien, dans sa trilogie du *Seigneur des anneaux*, évoque à un moment Gollum, créature défigurée par sa dépendance à l'anneau : « Le pouvoir dévore l'être. » Cette sentence n'a rien d'une simple fantaisie littéraire ; elle dit la vérité tragique d'une humanité asservie. Lorsque l'homme se soumet à une puissance extérieure – qu'il s'agisse d'un objet ou d'une situation –, son être profond s'altère, sa consistance s'évapore. La dépendance engendre l'érosion intérieure.

Les jeunes générations, pourtant, sillonnent le monde, explorent les cultures, manient les langues, accumulent les diplômes, embrassent des carrières exaltantes. Et pourtant, leur être intérieur demeure vulnérable, souvent désarmé. L'avoir, le pouvoir, le savoir et le faire, pour précieux qu'ils soient, ne peuvent suppléer une absence de structure spirituelle. Car sans une colonne vertébrale intérieure, l'homme chancelle. Il existe, certes, mais il ne vit pas.

Le dépérissement des valeurs humaines trouve son origine dans un détachement progressif avec la foi, une désertion de la pensée philosophique, un manque d'exigence éthique quant aux choix de vie, et une réduction matérialiste de l'homme. L'être humain, parce qu'il est conscient de sa finitude, est naturellement appelé à méditer le sens de son existence – et cette question, si elle ne s'impose pas d'emblée, revient souvent avec force au temps de la maturité, parfois même avec brutalité. Mais dans l'agitation contemporaine, où l'homme s'identifie à ce qu'il fait, cette quête essentielle est sacrifiée. La gratuité de la relation, la richesse du lien désintéressé sont reléguées derrière les exigences de la production et du succès. La tentation du veau d'or, dans ce contexte, n'a jamais été si proche.

Dans un monde privé de repères moraux, l'homme glisse vers le désespoir. Ne sachant plus à quoi, ni à qui se fier, il s'abandonne à une vision obscure et désenchantée de l'existence. Après avoir proclamé la mort de Dieu ou rejeté toute foi en un « homme invisible et mythique », il se replie sur lui-même, érigeant des murailles autour de son bonheur supposé. Mais peut-on goûter le bonheur sans le partage ? L'homme postmoderne est devenu un automate. Il agit selon une logique mécanique, perdant de vue sa nature organique, vivante. Le faire, la performance, la réussite professionnelle offrent sans doute des satisfactions, mais non le bonheur véritable. Notre fascination pour la technique et la productivité nous prive peu à peu du savoir-vivre. L'homme se déshumanise.

Soumis aux impératifs de rendement, il perd peu à peu sa liberté et sa dignité. Il triomphe à l'extérieur, mais se perd intérieurement. Il suscite l'admiration, et pourtant il est taraudé par un vide insatiable. Comment ne pas songer alors à cette parabole évangélique rapportée par saint Luc :

« Il y avait un homme riche, dont le domaine avait bien rapporté. Il se demandait : "Que vais-je faire ? Car je n'ai pas de place pour mettre ma récolte." Puis il se dit : “Voici ce que je vais faire : je vais démolir mes greniers, j’en construirai de plus grands et j’y mettrai tout mon blé et tous mes biens. Alors je me dirai à moi-même : Te voilà donc avec de nombreux biens à ta disposition, pour de nombreuses années. Repose-toi, mange, bois, jouis de l’existence.” Mais Dieu lui dit : “Tu es fou : cette nuit même, on va te redemander ta vie. Et ce que tu auras accumulé, qui l’aura ?” » (Lc 12, 16-20.)

Ce personnage est riche, habile, industrieux. Son erreur ne réside point dans la richesse elle-même. Ce n’est pas la possession qui le détruit, mais son vide intérieur. Il bâtit, il engrange, il se félicite de ses œuvres… mais il a négligé de construire son être. Et Dieu, en lui demandant non ce qu’il a, mais ce qu’il est, révèle l’abîme intérieur : des greniers pleins, un cœur désert.

Réussir pour gagner : mais que gagne-t-on, et à quel prix ? La réussite professionnelle, parfois éclatante, engendre bien souvent des fissures dans l’existence personnelle ou familiale. Elle inflige à la santé des blessures silencieuses. Cette quête effrénée de reconnaissance est souvent mue par l’obsession de prouver sa valeur – à soi-même, aux autres, au monde.

Pourtant, fort heureusement, il existe encore des hommes et des femmes remarquables qui, tout en réussissant, savent faire de leur avoir un moyen, non une fin. Ces figures de lumière partagent, soutiennent, construisent sans éclipser l’humanité fragile qui les entoure. Leur fortune devient alors une semence d'espérance.

Mais notre époque souffre d'un mal plus subtil : l'effacement de la vertu cardinale de force. L'homme fragile se replie, se lamente, adopte la posture victimaire. Il vit sur la défensive, hanté par la peur. Faute de cultiver la force intérieure, il stérilise l'espérance. Le regard qu'il porte sur le monde s'assombrit : les lunettes de la vie sont devenues opaques.

La spontanéité sacrifiée sur l'autel de la peur

Privé d'élévation intérieure, l'homme retombe aisément dans ses instincts premiers. Dès lors que lui font défaut la culture de l'âme et l'art du lien, se dévoile la pauvreté de son être. La misère du langage, tout autant que celle de l'éducation, entrave l'échange civilisé, muselle le dialogue véritable. Alors, dans un réflexe atavique, il hurle et s'agite, semblable à l'enfant plongé dans l'impuissance préverbale. À la première contrariété, il régresse, prisonnier d'un affect brut, incapable d'assumer les désaccords légitimes sans sombrer dans la violence. Spectacle pitoyable que celui d'un monde où l'on ne sait plus discuter sans blesser.

Les relations humaines, devenues d'une complexité redoutable, exigent désormais calculs, prudence et stratégies. La communication se fait sous filtre, les mots sont pesés, calibrés, comme soustraits à l'élan du cœur. Ce contrôle permanent, s'il évite sans doute quelques naufrages, écrase dans le même mouvement notre fraîcheur première, notre naturel, cette part vive et spontanée de nous-mêmes. L'homme, pour ne pas risquer d'être jugé, préfère s'édulcorer, se parer du masque convenable. Il devient politiquement correct, mais intérieurement absent.

Peu nombreux sont ceux qui, au-delà du personnage social, accèdent à la personne véritable. La peur du conflit, la hantise de l'affrontement, nous tiennent enfermés dans une cellule invisible : celle du contrôle de soi érigé en système de défense. Tout devient évaluation intérieure, calcul de risques, mesure de ce que l'on peut dire sans se compromettre. Certes, la prudence est vertu ; mais à trop se protéger, on glisse vers l'ombre inquiétante de la névrose ou de la paranoïa.

Lorsque la transcendance s'absente, lorsque l'homme cesse de s'élever, il se sent en perpétuel danger au milieu de ses semblables. Il devient hyperréaliste, hypersensible, en état d'alerte constant. Alors s'évanouissent la liberté, la bienveillance et la gratuité ; ne demeure qu'une architecture relationnelle tendue, dévitalisée. La paix se retire, et l'on vit ou bien sous pression, ou sous dépression. Dans la vie relationnelle nous rencontrons des personnes sérieuses, correctes et professionnelles mais si formelles que leur humanité et leur naturel nous échappent.

Victor Hugo, déjà, le dénonçait en son siècle : « La grande erreur de notre temps, cela a été de pencher, je dis même de courber, l'esprit des hommes vers la recherche du bien matériel. Il faut relever l'esprit humain, le tourner vers la conscience, le juste, le beau, le vrai, le désintéressé. » Là seulement réside la paix – avec soi-même, et, par conséquent, avec les autres.

Sans gratuité ni spontanéité, la vie se mécanise. Elle se refroidit, soumise à des tensions permanentes, exposée aux crispations d'une société prompte à l'explosion. Le manque d'idéal et l'excès d'idéologie altèrent notre liberté intérieure. Si nous ne cultivons pas la simplicité, les valeurs profondes, et surtout la liberté d'être, nous devenons artisans du rejet, de l'exclusion.

Or la spontanéité ouvre à l'émerveillement ; elle est un remède contre la peur et la défiance. Non, elle n'est pas naïveté, mais noblesse : la noblesse d'un esprit libre, demeuré vivant.

II

Retrouver le sens : vers une autre manière d'exister

Un lien qui sauve

Le diagnostic ne laisse guère de place au doute : notre société occidentale, au lieu de tisser les liens qui unissent, dresse les individus les uns contre les autres et les jette dans l'arène d'une compétition permanente. Là où l'on espérait l'union des volontés autour d'un bien commun, c'est la dissociation qui s'installe. La société se délite : elle devient « dissociété ».

Dans ce contexte troublé, l'Église a-t-elle encore une parole audible ? A-t-elle, au-delà de la dénonciation, une parole de consolation, une proposition de réparation ? Nombreux sont ceux qui concèdent que les valeurs chrétiennes sont belles, admirables même, mais aussitôt taxées d'irréalisme, de douce naïveté. L'Évangile ne serait-il qu'un récit attendrissant, mais sans prise sur le réel, le rêve d'un idéaliste un peu candide ? Les chrétiens ne seraient-ils que les gardiens impuissants d'une sagesse généreuse, fraternelle, mais fondamentalement inopérante face à la dureté du monde ?

Or la foi chrétienne ne se réduit pas à un ensemble de principes éthiques. Elle n'est pas d'abord morale, elle est relation. Elle naît d'une rencontre intime, silencieuse et bouleversante : celle d'un cœur humain avec le Dieu vivant, manifesté en Jésus-Christ. Ce lien premier, ce lien fondateur, n'est pas un supplément d'âme : il est la condition de possibilité de tous les autres liens. Car, sans cette source, tout se tarit. Comment reconnaître un frère en l'autre si nous n'avons pas conscience d'un Père commun ? Comment regarder avec bienveillance celui qui me blesse ou m'agace, si je ne sais que ma propre vie s'enracine dans une volonté d'amour ? Où puiserai-je la force de pardonner, si je n'ai moi-même fait l'expérience du pardon gratuit de Dieu ? Comment rester fidèle à ma parole, si je ne m'adosse pas à une fidélité plus grande que la mienne, éternelle et indéfectible ?

Et pourtant, la foi ne s'impose pas. Elle ne s'érige pas en idéologie, elle ne conquiert pas les âmes à coups d'arguments : elle s'offre, humblement, comme une réponse libre à une invitation divine. Elle est aussi une grâce, un don. Mais que dire alors à ceux qui ne croient pas, à ceux dont la foi est incertaine, fragmentaire, vacillante ? Sont-ils voués à errer sans espérance ? condamnés au cynisme ou à la résignation ?

À ces cœurs en quête de lumière, l'Église ose encore dire : même si vous ne croyez pas, vous pouvez faire le pari de vivre comme si Dieu s'était révélé. Car vivre selon l'Évangile permet, parfois à l'insu de celui qui s'y risque, de faire une première expérience de Dieu.

Benoît XVI, devant les croix blanches des cimetières militaires de Normandie, s'interrogeait : « Tant de jeunes hommes venus de tous horizons, morts sur ces plages – pourquoi ? À quoi bon tant de vies fauchées ? Est-ce là la fatalité de la condition humaine ? » Et le pape proposait alors, dans un murmure d'espérance : « Et si, même sans croire, vous viviez comme si Dieu existait ? comme si Jésus-Christ était vraiment la révélation de Dieu ? Car l'expérience montre que vivre selon cet Évangile apporte la paix aux cœurs et entre les hommes. Quiconque prend au sérieux cette Parole dans sa vie personnelle et sociale touche à nouveau du doigt ce pour quoi il est fait : la paix, la communion, la dignité. »

Vivre selon l'Évangile, même sans croire encore, peut ainsi devenir un chemin vers la foi. Blaise Pascal, s'adressant à son ami athée, lui disait : « Fais ce que font les chrétiens, et tu verras que c'est vrai. » C'est une sagesse d'expérience, un test de vérité. À l'heure où l'on soumet tout à des essais, des évaluations, des *crash tests*, pourquoi ne pas en faire autant avec cette Parole qui prétend donner un sens à l'existence humaine ? L'Église, sans contraindre, propose un art de vivre, une manière d'exister, qui peut être goûtée. Cette voie rend-elle heureux ? Permet-elle de retisser les liens déchirés ? Si tel est le cas, alors elle donne consistance à la question fondatrice de Jésus à ses disciples : « Pour vous, qui suis-je ? » Et à la réponse de Pierre, qui continue de résonner : « Tu es le Christ, le Fils du Dieu vivant. » Celui qui vit selon l'Évangile commence à percevoir en son cœur une présence, un souffle, une grâce.

Notre époque traverse une mutation profonde, comparable en intensité à celle du temps de saint Augustin. Lui voyait s'effondrer l'Empire romain, ce colosse que l'on croyait éternel. Nous voyons vaciller nos propres certitudes. Et dans ces heures de basculement, ce sont les désirs les plus enfouis du cœur humain qui remontent à la surface. Déjà au IVe siècle, Augustin s'écriait : « Notre cœur est inquiet ! » Et combien plus le nôtre aujourd'hui ! L'inquiétude est partout : peur de l'avenir, de la précarité, de la solitude, de l'autre, de la souffrance. Cette peur diffuse mine la paix, oppose, désunit. Elle corrompt les liens les plus essentiels.

Mais si notre cœur est inquiet, c'est peut-être qu'il garde la mémoire d'une unité perdue. Nous aspirons à la réconciliation : avec nous-mêmes, avec autrui, avec l'univers, avec Dieu. Nous portons en nous une nostalgie indélébile de l'unité. Et l'Église, à ceux qui désespèrent de cette unité, répond avec tendresse : ne renoncez pas, cette source d'unité coule encore. Cette source a un nom : Dieu, l'Unique. En nous unissant à lui, nous pouvons être unis les uns aux autres.

C'est le cri du cœur du pape Léon XIV, dans les premiers mots de son pontificat : « Trop de discordes, trop de blessures causées par la haine, la peur, les préjugés, l'indifférence aux pauvres et la violence contre la Terre. Et pourtant, nous voulons être un levain d'unité, de fraternité, de communion. » Le message de l'Église n'a pas changé. Elle ne vend pas une idéologie, elle témoigne d'une expérience. Elle ne prétend pas imposer la vérité, elle invite à goûter une paix « désarmée et désarmante » qui vient de Dieu. Ce qu'elle dit, au fond, est simple : Essayez.

Habiter autrement le monde

L'homme moderne excelle à distiller le poison du soupçon et à propager, avec une aisance presque instinctive, la violence sociale. Nous l'avons souligné : il sait, d'un geste assuré, manipuler les fragilités d'autrui, s'en emparer comme d'un levier de pouvoir, les retourner contre l'autre, parfois même jusqu'à l'humiliation. Il est de ces esprits qui, avec une sombre dextérité, versent sur leur prochain le fiel de la négativité.

Dans cette crise contemporaine du *logos*, la parole ne crée plus, elle détruit. Elle ne féconde plus les âmes, elle les brûle. Ainsi, lorsque l'un fait l'objet d'un concert d'éloges, un disciple de la suspicion s'empresse de soulever quelque ombre oubliée, d'exhumer une faille, pour obscurcir l'éclat de la personne. Ce genre de tempérament se murmure intérieurement : « Les gens sont crédules, ils ne voient rien ; moi, je sais, je vais révéler ce qu'ils ignorent : cette personne n'est pas aussi pure qu'ils le croient. » Parfois même, leur pensée s'envenime jusqu'à cette déclaration intérieure : « Je vais me payer sa réputation. » Alors, ils ajoutent au réel des zones d'ombre, des soupçons gratuits, des affirmations inexactes, et, dans cette confusion habilement semée, une souillure s'attache à celui ou celle qui en est la cible... Le venin agit, invisible mais tenace, jusqu'à ternir l'image d'une âme.

Pour changer de regard, et, par là, changer de vie, il nous faut rééduquer notre manière de voir l'autre. Est-il un fardeau ou un don ? Le commencement de la sagesse, l'aube d'une vie nouvelle, consiste à apprendre à voir comme Dieu voit : un regard qui ne juge ni ne condamne, qui ne s'amuse pas à débusquer la paille dans l'œil du prochain tout en oubliant la poutre dans le sien. Hélas, notre sport favori semble être devenu la traque des failles d'autrui, leur exposition, leur célébration quasi publique. Or cela engendre souffrances et méfiances.

Une parole évangélique vient éclairer ce propos : « Tout ce que vous voudriez que les hommes fassent pour vous, faites-le pour eux aussi » (Mt 7,12). Elle est simple, et pourtant contient un programme de civilisation. Notre époque a un urgent besoin de réapprendre la puissance des paroles créatrices. Celles du Christ, notamment, n'ont rien perdu de leur force. Aujourd'hui, elles sont souvent ignorées, parfois oubliées, mais elles brillent d'une clarté intacte. Que Jésus s'adresse aux docteurs de la loi, aux scribes, aux pharisiens, ou aux plus humbles parmi le peuple, il parle le même langage : libre, vrai, direct, sans duplicité.

Pour que notre parole retrouve cette liberté, il nous faut plonger au plus profond de nous-mêmes. Il nous faut cultiver notre intériorité. À ce propos, une vieille légende amérindienne nous offre une lumière précieuse.

Un matin, un vieux Cherokee aperçoit son petit-fils en proie à la colère, à la suite d'une querelle. Il s'approche de lui et lui conte une histoire, celle du combat intérieur que chaque être humain porte en lui :

– Il y a en moi, dit-il, deux loups qui s'affrontent. L'un est mauvais : il incarne la colère, l'envie, la jalousie, le chagrin, l'orgueil, le mensonge, le ressentiment, l'arrogance. L'autre est bon : il est fait de paix, d'amour, d'espérance, d'humilité, de compassion, de foi, de vérité, de bienveillance.

– Et qui gagne, grand-père ? demande l'enfant, intrigué.

– Celui que tu nourris.

Cette sagesse rejoint les paroles de saint Paul aux Galates. Le fruit se reconnaît à l'arbre. L'Esprit, lorsqu'il habite un cœur, y fait éclore l'amour, la joie, la paix, la patience, la bonté, la fidélité, la douceur et la maîtrise de soi (Ga 5,22). Mais l'homme abandonné à ses instincts produit d'autres fruits : haines, jalousies, divisions, emportements, idolâtries, orgies (Ga 5,19-21). À chacun revient de choisir quel arbre il veut cultiver, quel loup il veut nourrir.

Notre humanité doit mûrir dans sa manière de penser. Sans élévation, sans appel à la transcendance, elle s'enlise dans la médiocrité, s'asphyxie dans le ressentiment. Et pourtant, nous croyons qu'un monde de paix est encore possible. Face aux gestes hostiles, aux discours vindicatifs, aux vengeances ordinaires, il nous faut patiemment, humblement, reconstruire les ponts rompus. Il est temps de ressusciter en nous les vertus relationnelles ensevelies. Le vivre-ensemble n'est pas une utopie : il peut redevenir un art.

Sortons des eaux troubles des réseaux sociaux. Aspirons à une qualité relationnelle nourrie de bienveillance et de discrétion. Ce n'est pas un détail, mais un enjeu de civilisation. La violence, la revanche, la brutalité ne sont pas de l'ordre de l'humanisme, encore moins du christianisme. Jésus lui-même l'a démontré. Il interdit à Pierre de tirer l'épée (Jn 18,11). Il reprend Jacques et Jean lorsqu'ils réclament la foudre pour punir (Lc 9,54-55).

Notre société, si prompte à juger, doit retrouver un chemin plus juste, plus mesuré, plus humain. Non, il ne s'agit pas de construire une société naïve, faite de bons sentiments désincarnés. Mais il s'agit d'œuvrer pour un monde véritablement civilisé, où les êtres humains sont responsables les uns des autres.

Les salles de sport fleurissent pour entretenir nos corps. Ne devrions-nous pas inventer aussi des lieux pour fortifier notre vie relationnelle ? Car elle est souvent flasque, atone, anémiée. Il nous faut l'exercer, la muscler, l'entraîner. Et si nos rencontres cessaient d'être des champs de bataille pour devenir des occasions d'émerveillement ? Et si la relation humaine redevenait une aventure ?

Comment y parvenir ? Dans un océan de violence, par ces quelques orientations, nous proposons des phares où repérer un port pour retrouver la sérénité dans les tempêtes. Non pour prêcher un moralisme, mais pour puiser dans ce trésor méconnu de l'héritage chrétien une sagesse ancienne pour notre présent essoufflé.

Quand les jeunes nous interrogent, nous dérangent, nous éveillent

Nombreux sont les jeunes aujourd'hui qui frappent à la porte de l'Église. Nombreux sont ceux qui, mus par un pressentiment confus, reviennent vers une réalité qu'ils connaissent à peine. L'Église ? disent-ils, nous en avons une vague idée. Mais Jésus ? non, cela ne nous parle pas. Notre société, pourtant si savante, a su transmettre le savoir des livres, mais elle a échoué à transmettre le savoir de la vie, celui qui éclaire l'âme et façonne le cœur.

Lorsque l'Église prend la parole, certains soupçonnent chez elle un vieux désir masqué : celui de retrouver une influence perdue, de reprendre le pouvoir sur les consciences. Mais l'Église, instruite par les épreuves du temps, n'ignore rien de sa propre histoire. Et le monde ne cesse de lui rappeler, parfois avec insistance : vous êtes en déclin, les vocations se font rares, les fidèles s'éloignent, vos structures sont lourdes, inadaptées… Oui, l'Église est fragile. Elle n'est plus, si elle le fut jamais, une puissance sociale redoutée. Mais sa mission n'est ni de dominer, ni de séduire, ni de manipuler – ces dérives qui trahissent l'idéal pour engendrer l'idéologie.

Non, l'Église n'impose rien. Elle ne s'impose pas. Elle ne contraint pas, mais propose ; elle n'écrase pas, mais élève. Elle cherche à offrir une âme au monde, non à s'emparer de son destin. Ce qu'elle porte, ce sont des principes, des élans, une lumière intérieure. L'Évangile, en ses pages simples et profondes, éclaire cette vocation. À celui qui l'interroge, Jésus dit : « Si tu veux... » (Mt 19,21.) Et dans l'Apocalypse, cette parole d'une pudeur bouleversante retentit : « Voici que je me tiens à la porte, et je frappe. Si quelqu'un entend ma voix et m'ouvre, j'entrerai chez lui, je prendrai mon repas avec lui, et lui avec moi » (Ap 3,20). Jésus ne force jamais la porte ; il se tient là, humble mendiant de notre liberté.

Telle est l'Église, quand elle est fidèle à son cœur : elle agit dans la gratuité, respecte la liberté des personnes, et cherche le bien de chacun. Elle ne prêche ni le volontarisme desséchant, ni le moralisme culpabilisant, ni le formalisme vide – ces caricatures qui étouffent l'Évangile au lieu de le faire vivre. Une parole toute simple nous a toujours guidés : « Jésus, là où il passait, faisait le bien » (Ac 10,38). Et si notre société retrouvait de tels témoins, des hommes et des femmes tout simplement bons ?

Face aux ténèbres qui parfois s'épaississent, il faut oser des gestes nouveaux, des engagements inédits, des audaces humaines qui transforment le monde. Ce changement ne doit pas être un sursaut brutal, mais une source de joie, une promesse de paix pour notre vie commune. Certes, il est de bon ton, dans l'Occident désabusé, de se méfier des rêveurs. Qui espère un monde meilleur est taxé de naïveté. On le soupçonne de vivre en apesanteur, dans une utopie cotonneuse, entre Alice au pays des merveilles et les illusions du romantisme « *peace and love* ». On le juge sentimental, irréaliste, un peu ridicule.

Et pourtant ! quels bouleversements l'Occident a connus en quelques décennies… Les années soixante et soixante-dix voyaient s'élever une jeunesse en quête d'un monde autre : libre, paisible, sans violence. Le rêve hippie s'est éteint, mais ses enfants ont hérité d'un monde plus rude, plus violent, moins libre. Nous avons traversé le désenchantement, nous avons vu la foi se taire, les rites s'effacer, les repères se dissoudre. Et aujourd'hui, la jeunesse, bien que désorientée, cherche. Elle cherche ardemment.

La Bible ne nous invite pas à fuir le réel dans les mirages de l'imaginaire. Elle ne conte pas des fables. Elle nous livre l'histoire bouleversante de Dieu qui marche parmi les hommes. Tout n'y est pas simple, mais tout y reste possible. Et retrouver, pour aujourd'hui, quelques valeurs évangéliques, ce n'est pas chercher à endoctriner le monde, ni vouloir imposer une idéologie religieuse. C'est, plus simplement et plus profondément, offrir à notre société lasse une parole fondatrice, une lumière pour l'avenir. C'est redonner à notre temps une âme, et peut-être une passion.

Le retour de la quête intérieure

Dans un monde livré au règne de l'apparence, où la surface se substitue à la profondeur, où le paraître éclipse l'être, il devient urgent d'entreprendre un pèlerinage vers notre intériorité. Car c'est dans le sanctuaire du cœur que réside la vérité de notre personne. Là, nul masque, nul artifice : nous y sommes nus, dépouillés, authentiques. Dans le cœur s'efface le personnage pour se révéler la personne. Il ne s'agit point ici d'un repli triste ou nostalgique, mais d'un élan de rencontre. Ce retour à soi n'est pas une fuite, c'est une visitation.

La parabole du fils prodigue, telle que la rapporte saint Luc, éclaire ce mouvement intérieur. Après avoir dilapidé son héritage dans une quête immature de liberté, le fils prodigue se retrouve seul, dépouillé, vidé. C'est alors que la mémoire affective lui vient en aide. L'Évangile dit : « Rentrant en lui-même… » (Lc 15,17.) Là, au plus intime de lui-même, il retrouve le chemin perdu, reconnaît sa dispersion, et redécouvre l'appel silencieux du cœur. C'est dans cette retraite intérieure que se tiennent sa conscience, son identité, sa liberté. Là où les relations sociales sont minées par la peur, le calcul ou la violence, le cœur garde intact le désir de bonheur – ce désir que saint Bonaventure nommait le moteur de l'âme. Privés de ce désir, nous sombrons dans l'asphyxie intérieure, dans l'apathie, dans la dépression.

Revenir au cœur n'est ni un caprice sentimental, ni une exaltation romantique. C'est un acte de courage, une décision de vérité, un choix de liberté. C'est répondre à l'antique appel : « Connais-toi toi-même. » Alors que l'extériorité nous disperse, que les sollicitations du monde nous distraient de l'essentiel, le voyage intérieur nous préserve d'une existence superficielle et factice. Visiter son cœur, c'est faire l'inventaire de ce que l'on y trouve : sommes-nous libres ou enchaînés, paisibles ou tourmentés, pleins ou vides, durs ou ouverts ? Soigner le cœur, c'est garder vivante notre humanité dans un monde de froideur et de mécanisation. C'est, au plus profond de soi, faire le choix du vivant.

« L'homme bon tire le bien du trésor de son cœur qui est bon ; et l'homme mauvais tire le mal de son cœur qui est mauvais. Car ce que dit la bouche, c'est ce qui déborde du cœur » (Lc 6,45). Et si, au lieu de le laisser s'endurcir ou s'assécher, notre cœur devenait un chantier fécond où se façonne le bien ?

Mais ce chantier est exigeant. Il ne relève pas de la seule sensibilité : il convoque nos facultés les plus hautes, les plus nobles, les plus humaines. Aujourd'hui, jeunes et adultes cherchent à s'ancrer dans des paroles fondatrices, capables d'éclairer à la fois leur vie intérieure et leurs relations. Ils cherchent des paroles et des pensées pour survivre dans un monde âpre. Ils dévorent des ouvrages sur le développement personnel, le bien-être, la réussite et l'épanouissement. Ils suivent des *coachs* qui les rassurent et les orientent. Ils ont soif d'une vie autre. La seule sphère professionnelle, si valorisée, lasse les cœurs et épuise les esprits. Or, une question nous hante : ceux qui ont grandi dans l'après-Soixante-huit ont-ils encore accès aux grands textes spirituels qui fondent une vision du monde ?

À cet égard, l'Évangile de Luc nous offre un sommet. Paroles révolutionnaires, brûlantes, dérangeantes, elles esquissent une relation humaine transfigurée, libérée des carcans du moralisme et des traditions figées :

« Aimez vos ennemis, faites du bien à ceux qui vous haïssent. Souhaitez du bien à ceux qui vous maudissent, priez pour ceux qui vous calomnient. À celui qui te frappe sur une joue, présente l'autre joue. À celui qui te prend ton manteau, ne refuse pas ta tunique. Donne à quiconque te demande, et à qui prend ton bien, ne le réclame pas. Ce que vous voulez que les autres fassent pour vous, faites-le aussi pour eux. Si vous aimez ceux qui vous aiment, quelle reconnaissance méritez-vous ? Même les pécheurs aiment ceux qui les aiment. Si vous faites du bien à ceux qui vous en font, quelle reconnaissance méritez-vous ? Même les pécheurs en font autant. Si vous prêtez à ceux dont vous espérez recevoir en retour, quelle reconnaissance méritez-vous ? Même les pécheurs prêtent aux pécheurs pour qu'on leur rende l'équivalent. Au contraire, aimez vos ennemis, faites du bien et prêtez sans rien espérer en retour. Alors votre récompense sera grande, et vous serez les fils du Très-Haut, car lui, il est bon pour les ingrats et les méchants. Soyez miséricordieux comme votre Père est miséricordieux. Ne jugez pas, et vous ne serez pas jugés ; ne condamnez pas, et vous ne serez pas condamnés. Pardonnez, et vous serez pardonnés. Donnez, et l'on vous donnera ; [...] car la mesure dont vous vous servez pour les autres servira de mesure aussi pour vous » (Lc 6, 27-38).

Paroles inouïes, paroles de feu. Cet enseignement n'est pas une option douce ou secondaire : il appelle à une véritable ascèse, à un travail intérieur de libération. C'est un chemin rude, mais lumineux, pour extirper la violence tapie en nous. Depuis le meurtre originel de Caïn, la violence est nommée, dévoilée, démasquée. Elle est là, tapie dans l'ombre, prédatrice. Dès les premières pages de la Genèse, la Bible en montre la progression, la contagion, la prolifération. Refuser de la reconnaître, c'est basculer dans la barbarie.

L'enseignement du Christ est une provocation au changement : il veut la transfiguration du cœur. Car c'est en convertissant le cœur que l'homme devient enfin humain. Le passage de Luc bouleverse toutes les logiques. Aimer son ennemi, non pas le tolérer, mais l'aimer : voilà le cœur de cette révolution. Là où les stoïciens enseignaient à supporter l'ennemi, Jésus franchit un seuil. Il invite à un amour actif, sans frontière, qui ne naît ni de l'instinct ni du sentiment, mais d'un chemin de libération : libération de la peur, de la rage, du ressentiment.

Car l'ennemi évangélique n'est pas seulement celui qui nous fait du mal. Il est celui qui ébranle notre équilibre intérieur, qui fait vaciller notre paix. Il révèle la distance réelle, invisible, qui parfois nous sépare. Il met en lumière nos ombres. Il ne détruit pas nécessairement la relation, mais il la fragilise. L'enjeu n'est pas de le convertir, mais de transformer en profondeur notre propre manière d'entrer en relation. L'ennemi nous contraint à quitter nos zones de confort. Il nous oblige à travailler les friches de notre vie intérieure, ces lieux encore sauvages en nous. Il met à nu notre difficulté à aimer.

Aimer l'ennemi, faire du bien à ceux qui nous haïssent – ce n'est pas normal, ce n'est pas naturel. C'est surnaturel. La vie spirituelle, lorsqu'elle s'imprègne de ces paroles, nous réoriente. Elle nous fait sortir de la logique immédiate de l'instinct pour entrer dans celle, plus vaste, plus vraie, de la liberté.

Ne pas juger, ne pas condamner, pardonner, donner – c'est là une manière neuve d'être au monde. L'instinct de survie nous referme, l'Esprit du Christ nous ouvre. Il révèle le bien en nous et nous donne de le discerner chez l'autre. Car tout commence, et tout recommence, dans le cœur.

La foi comme source de relèvement

Nous l'avons évoqué dès l'introduction : certains principes relationnels, empreints de noblesse – la retenue, la discrétion, la réflexion, le respect de la dignité d'autrui, l'honneur, la nuance, la pudeur, la politesse – semblent aujourd'hui s'évaporer, comme emportés par le souffle brutal d'une époque avide d'impact immédiat, souvent dénuée de toute pitié.

La foi, quant à elle, offre un autre regard sur l'existence. Elle n'élude pas l'épreuve, elle ne dissout pas les inquiétudes dans un mirage de facilité. Elle ne supprime ni les obstacles ni les douleurs, mais elle éclaire l'intelligence, pacifie le cœur, redresse la marche intérieure. Un frère franciscain, nommé Charles, homme sage entre tous, avait pour habitude de dire aux plus jeunes : « La foi ressemble aux essuie-glaces d'une voiture. Ils ne font pas cesser la pluie, mais ils permettent de mieux voir et de mieux avancer. »

Il ne s'agit pas ici d'ébaucher un traité de la foi – il y aurait tant à dire. Il s'agit simplement d'en rappeler la nécessité, la fécondité, l'humble puissance.

Nombreux sont ceux qui, confrontés au vertige de l'existence, se tournent vers la spiritualité – qu'elle prenne les formes les plus ancestrales ou les plus inattendues. Ni le matérialisme ni l'hédonisme ne sauraient combler les abîmes de l'âme. Ils divertissent, parfois, mais ne répondent pas.

La foi, en elle-même, est un mystère – non une énigme. Certains la confessent, d'autres s'en disent dépourvus. Mais en sa simplicité réside toute sa profondeur. Croire, c'est entrer dans un acte fondamental, qui n'a rien de naïf ni de superficiel. Par l'intuition, la déduction, la révélation ou l'expérience, l'homme devine – ou découvre – que quelqu'un, que les croyants nomment Dieu, est à la fois le sens, l'origine et la fin de toute vie. Ce Dieu, créateur, libérateur, sauveur, accompagne l'homme sans jamais le contraindre, sans jamais le dominer. Il n'étouffe pas la liberté humaine. Il n'est pas Dieu ou l'homme, mais Dieu avec l'homme.

Pour le chrétien, Dieu est amour. Et pourtant, la question revient, implacable : « Alors, pourquoi les guerres, le mal, les maladies, la souffrance ? » La vie, comme le rappelle un vieux film d'animation, est un combat. Et dans ce combat s'affrontent des forces obscures, complexes, cruelles. Nous ne sommes pas au paradis. Face à l'épreuve, chacun peut choisir : lutter seul, ou avancer accompagné par un Dieu bon.

Celui qui croit ne se sent ni seul ni abandonné. Il ne s'épuise pas à lutter sans trêve, ni à entraîner les autres dans son épuisement. Il sait qu'il ne comprend pas tout, mais il croit qu'il n'est pas perdu. Le peuple d'Israël, fuyant l'Égypte, suivait une « colonne de nuée » (Ex 13,21). Le croyant discerne en lui une colonne intérieure, invisible, qui stabilise, qui fortifie, qui humanise. Elle apaise les instincts primaires, insatisfaits et belliqueux.

La foi, lorsqu'elle est vivante, s'incarne dans l'amour que l'on met au cœur des relations. Croire, c'est agir avec cohérence. Si l'on assiste chaque jour à la messe tout en traitant les autres avec dureté ou mépris, c'est que la foi n'a pas touché le cœur. Elle reste en surface, elle est vêtement sans chair, parole sans transformation. Celui qui croit véritablement devient aimant, aimable. Il aime parce que telle est la force de sa foi : l'amour, toujours, comme boussole du bien.

La foi donne la force d'aimer, de construire, de réparer. Elle n'a rien de tapageur. Elle est discrète, simple, mais efficace. Dans *La Nuit du cœur*, nous trouvons cette pensée de Christian Bobin : « La vraie force, c'est celle qui sait prendre soin de la fragilité. Être fort, ce n'est pas écraser sous le poids des certitudes ou des ambitions. C'est être capable de douceur, dans un monde qui ne l'est guère. C'est accueillir le doute, le vide, le silence… et malgré cela, continuer d'avancer, sans céder à l'amertume. La vraie force est invisible. Elle se cache dans les gestes simples, dans les regards bienveillants, dans la patience des jours. »

L'indulgence, visage de la miséricorde

Dans le schéma actuel, il est possible d'abandonner la vie « sans pitié » pour s'ouvrir à la compassion. Il est possible de changer de vision et de laisser à l'autre un espace dans notre intelligence et notre conscience pour qu'il ne soit pas automatiquement accusé, jugé et condamné. Il est possible de ne pas salir la dignité des personnes. Il est possible d'espérer et de faire confiance aux autres.

L'indulgence est une attitude de maturité. Nous ne sommes pas dans le dualisme basique où « tout le monde est méchant » ou « tout le monde est gentil ». On discerne. On fait la part des choses. L'indulgence est définie dans le Larousse comme l'aptitude à excuser, à pardonner les fautes, à ne pas les sanctionner sévèrement. L'indulgence est la cousine de la clémence, de la bienveillance, de la compréhension. Elle est à l'opposé de la dureté, de l'intransigeance, de la rigidité, de la sévérité, du sectarisme.

Être indulgent signifie-t-il être faible ou injuste ? Nous ne parlons pas, dans cette réflexion, des cas graves liés aux délits ou aux crimes. Nous parlons de l'indulgence dans la vie ordinaire, là où nous sommes durs et intolérants avec les proches alors que nous pourrions être souples et magnanimes. L'indulgence fait appel à la bonne foi pour maîtriser nos colères et nos indignations. L'indulgence nous humanise parce qu'elle nous rappelle que nous sommes des êtres imparfaits mais perfectibles. Il y a une solidarité naturelle sur notre chemin vers la perfection.

Dans une société encline au jugement rapide et sévère, l'indulgence permet de voir autrement. Des paroles évangéliques nous stimulent sur le chemin de la liberté par la voie de l'indulgence. Jésus sur la croix pardonne. Une folie ! Il pardonne à ceux qui l'ont abandonné, insulté, torturé (puis tué) en disant : Père, pardonne-leur, ils ne savent pas ce qu'ils font (Lc 23,34). Jésus fait preuve d'indulgence parce que les hommes sont ignorants. Ils ne sont pas conscients du poids et des conséquences du mal fait. Saint Paul dit aux Corinthiens que l'amour-charité est puissant. Ce texte, on l'entend souvent lors des mariages. Il ne s'agit pas d'un texte poétique mais révolutionnaire. Il exige un changement radical de la vision des autres : « L'amour prend patience ; l'amour rend service ; l'amour ne jalouse pas ; il ne se vante pas, ne se gonfle pas d'orgueil ; il ne fait rien d'inconvenant ; il ne cherche pas son intérêt ; il ne s'emporte pas ; il n'entretient pas de rancune ; il ne se réjouit pas de ce qui est injuste, mais il trouve sa joie dans ce qui est vrai ; il supporte tout, il fait confiance en tout, il espère tout, il endure tout. L'amour ne passera jamais » (1 Co 13,4-8). Il supporte tout ! Là où nous mettons des frontières et des limites, l'amour ouvre l'horizon.

L'indulgence est une attitude de l'esprit permettant de comprendre un mal fait ou reçu. On va en profondeur pour essayer de connaître l'intention de l'autre. C'est le contraire d'un procès d'intention. L'indulgence inclut dans la réflexion la possibilité d'un repentir, d'une évolution. Dans l'Antiquité, Aristote parlait de la clémence, voisine de l'indulgence, comme une vertu essentielle pour gouverner, et Cicéron la considérait comme un acte de sagesse et de grandeur d'âme.

Saint Paul le dit avec autorité : « ne rendez à personne le mal par le mal » (Rm 12,17). Saint Pierre va plus loin : « ne rendez pas le mal pour le mal, ni l'insulte pour l'insulte ; au contraire, invoquez sur les autres la bénédiction » (1P 3,9). La capacité d'être indulgent ne vient pas de la passivité ou de la faiblesse mais de la force intérieure habitée par la bienveillance.

Il ne faut pas confondre gentillesse et bienveillance. Celle-ci est vigoureuse. Elle n'est pas mielleuse. Nous l'avons vu, la bienveillance n'est pas très à la mode. On entend souvent dire : « À être trop gentil, on finit par être pris pour un idiot. » La bienveillance n'est pas juste un sentiment, une émotion. Elle est le fruit de la volonté, du désir, du choix d'être bon. Sans bienveillance, le monde s'abîme.

Une culture de la bienveillance évite les rapports de force violents. La bienveillance dans les mots suscite la confiance. La bienveillance dans la pensée crée la profondeur. La bienveillance dans les actes engendre l'amour. La bienveillance, c'est faire preuve de *leadership* avec empathie, écoute et respect. La bienveillance est une force intérieure.

Notre mentalité pourrait changer et ne pas humilier les autres en montrant leurs failles, en les publiant et en les célébrant. La bienveillance respecte le mystère de l'autre. Il y a un beau passage biblique dans l'histoire de Noé. Celui-ci boit du vin, il est ivre et il se trouve nu. Alors deux de ses enfants cachent sa nudité. Ils veulent sauvegarder la dignité de leur père dans un moment de faiblesse. « Sem et Japhet prirent le manteau, le placèrent sur leurs épaules à tous deux et, marchant à reculons, ils en couvrirent leur père qui était nu. Comme leurs visages étaient détournés, ils ne virent pas la nudité de leur père » (Gn 9,23).

Un homme ivre et nu pourrait susciter la moquerie de l'entourage. Ici, les enfants de Noé protègent leur père de la honte. Ils font preuve de bienveillance et d'indulgence. Ce passage est pédagogique. Il nous apprend à ne pas profiter de la fragilité des autres mais à les protéger dans des moments où ils montrent des failles. Il s'agit d'un comportement intéressant à étudier. Aux temps où les erreurs d'une personne font le « *buzz* », cette attitude évoque la noblesse relationnelle de respect dans des moments inconfortables. Il s'agit d'un comportement à cultiver.

Notre temps devrait se prêter à la recherche des points lumineux de chaque être. Si une certaine mentalité affligeante cherche et célèbre les points sombres de chacun, il est possible de ressusciter le bon et le bien des personnes. C'est un choix. C'est une vision de la vie commune. Par cette démarche, on découvre souvent une belle personne derrière un célèbre personnage.

La rédemption,
ou la beauté d'une seconde chance

Est-ce là le titre d'un film ? La rédemption semble avoir déserté notre vocabulaire, reléguée aux marges de la pensée contemporaine. Qui donc en parle encore aujourd'hui ?

Dans les grandes traditions religieuses – judaïsme, islam, et bien sûr christianisme –, la rédemption est intimement liée au salut. C'est un être sauvé, arraché au péril, rétabli dans sa dignité. Pour les chrétiens, ce salut s'enracine dans l'événement central de la foi : Jésus, par sa mort et sa résurrection, a sauvé l'humanité du mal et de la mort. À l'ère des héros virtuels – Superman, Spiderman, Thor – qui surgissent pour affronter l'instant de crise, la spiritualité chrétienne oppose un Sauveur bien réel, inscrit dans l'histoire, dont l'acte n'est ni fiction ni mythe, mais puissance de vie offerte à tous.

La rédemption nous rend capables de croire que l'homme peut se transformer, croître, renaître. Elle nous invite à l'espérance. Nous avons évoqué la capacité redoutable de l'être humain à détruire ses semblables. La rédemption, en retour, nous garde de cette tentation funeste de penser qu'une erreur, une faute, une parole condamne un être à la peine perpétuelle. Elle affirme qu'une maladresse n'épuise pas une existence. Elle proclame qu'un avenir demeure possible. Dante, dans les limbes de la *Divine Comédie*, nomme l'enfer : non point d'abord un lieu de souffrance, mais un royaume où l'espérance est abolie, étranglée dès le seuil.

Sans espérance, nous sombrons dans la résignation morose. Christian de Chergé, moine et martyr, rappelait avec une force tranquille que l'espérance est une longue patience : patience envers soi-même, patience envers autrui, patience envers Dieu.

La rédemption, lorsqu'elle est animée par cette patience amoureuse, déploie ses fruits : régénération, libération, émancipation, pardon, salut. En elle s'enracine la promesse d'une vie nouvelle, transfigurée. Et si, comme l'écrit saint Paul, la création tout entière gémit dans les douleurs de l'enfantement, elle ne gémit pas en vain. Elle attend, avec une secrète ferveur, l'heure de sa rédemption. Ce soupir cosmique est aussi le nôtre : nous-mêmes, dit l'Apôtre, en qui l'Esprit a commencé son œuvre, gémissons dans l'attente de notre adoption et de la rédemption de notre corps.

Deux convictions nous soutiennent et nous élèvent : l'une touche au temps, l'autre à notre nature. Le temps d'abord : notre époque nous presse, nous happe, nous impose la rapidité comme vertu cardinale. Un message, un courriel, et nous voilà sommés de répondre. Or, le salut n'obéit pas à l'urgence. Il épouse le rythme de la maturation, de la lente germination intérieure. Dans la vie monastique, l'on dit qu'il faut planter de l'éternité dans le temps. Cette sagesse, si précieuse, nous réconcilie avec l'attente. Puis, notre nature : l'homme n'est pas figé. Il n'est ni bloc de marbre, ni fatalité close. Il est ouvert. Il peut se perdre, mais aussi se relever, évoluer, s'élargir. Kant parlait d'« élargir la pensée ». Ce mouvement est salutaire, surtout face à ceux que nous jugeons irrémédiablement perdus. Penser plus loin, penser autrement, c'est desserrer l'étau de nos réactions premières.

Il arrive, trop souvent, qu'un mot, un geste, une attitude blessent si profondément que nous rejetons l'autre, le classons, l'étiquetons. Il mérite notre silence, notre distance. Mais si, dans ce tumulte émotionnel, nous parvenons à élargir la pensée, à suspendre un instant nos jugements, peut-être alors pourrons-nous comprendre. Spinoza avait cette formule de sagesse : *Non ridere, non lugere, neque detestari, sed intelligere.* « Ne pas se moquer, ne pas pleurer, ne pas haïr : comprendre. » Combien de fois nous arrêtons-nous avant d'avoir franchi ce seuil ?

Notre monde est en panne d'espérance. Or élargir la pensée, croire, espérer, ce n'est pas fuir, c'est vivre. Le témoignage de ceux qui ont su se relever, les rencontres vraies, les désirs profonds, tout cela nous aide à ne pas demeurer mutilés. L'homme debout – voilà le fruit ultime de la rédemption. Quand tout semble vouloir nous abattre, la foi nous murmure que l'on peut se redresser. En Jésus, la rédemption relève. Elle est une vertu pascale. Elle insuffle dans nos cendres la sève ardente de l'Amour.

Il est des âmes lumineuses qui, dans les heures sombres, deviennent des phares. Elles éveillent en nous la consolation, le goût du possible. Jésus, tout au long de son ministère, ne cesse de relever. Il rend aux êtres leur dignité, leur liberté. Notre société, quant à elle, tend à regarder les plus fragiles de haut. Elle observe, mais n'agit pas. Pas de main tendue, pas de frère. L'Occident a soif de Samaritains.

Croire en la rédemption, c'est retrouver une force intérieure, une clarté d'horizon. Face à ceux dont le parcours heurte, déroute, inquiète, la foi murmure : dans cinq mois, dans cinq ans, cette personne peut changer. Une rencontre, une amitié, une épreuve même, peuvent l'aider à désarmer son cœur, à retrouver paix et douceur. Si nous refusons de croire en la croissance humaine, nous sombrons dans une mélancolie désespérée. Imaginer que même l'ennemi peut devenir frère, c'est ouvrir la porte à l'espérance.

Toute vie véritable est rencontre, disait Martin Buber. Encore faut-il s'y avancer, libres et sans masque. Toute rencontre, d'abord, suscite en nous une impression – sympathique, froide, arrogante, captivante. Mais la rédemption nous appelle à ne pas nous figer dans ce premier écho. Une personne rugueuse peut cacher un trésor. Une apparence brillante peut n'être que vernis. Qui sommes-nous pour enfermer l'autre dans l'instant fugace ?

Certaines âmes s'éloignent, après un élan. D'autres, hostiles hier, trouvent un jour le chemin de la foi. Le mystère de l'être humain nous dépasse. Il exige prudence, humilité, lenteur. Ne jugeons pas trop vite. Laissons dans notre esprit un espace pour l'inattendu, pour l'émerveillement. Chaque être porte en lui des germes de lumière à révéler.

L'innocence retrouvée : non pas naïveté, mais lumière

Dans la formation des prêtres, nous évoquons souvent cette réalité essentielle et fondatrice qu'est l'innocence. Trop fréquemment réduite à sa seule acception juridique – où l'on distingue l'innocent du coupable –, elle mérite pourtant d'être revisitée dans sa signification première, étymologique, afin de nous éclairer et peut-être même de nous élever.

L'innocence, littéralement la *non-nocence*, le « ne pas nuire », traverse les siècles et les traditions. Elle irrigue la sagesse grecque, le serment d'Hippocrate, et nombre de courants spirituels. Quelle plus grande noblesse que celle de vivre sans blesser, d'exister sans meurtrir ? Loin d'être naïveté ou faiblesse d'esprit, l'innocence est une force intérieure, une posture éthique et une manière d'habiter le monde.

Dans notre tradition spirituelle, nous insistons souvent sur le péché originel, mais nous oublions trop facilement l'innocence originelle. Celle-ci fut, selon le récit biblique, un état d'harmonie parfaite entre les êtres : point de violence, point de fracture, point de division. L'humanité vivait alors dans l'unité et la paix. Hélas, ce paradis s'est effondré, et la violence a pris racine. Pourtant, la Parole de Dieu, loin de se borner au constat de la chute, nous appelle à l'espérance.

Être innocent, ce n'est pas simplement ne pas commettre le mal : c'est refuser d'alimenter les logiques de fracture et d'agression dans nos relations. C'est choisir, délibérément, de ne pas contribuer à l'escalade de la violence. Et c'est là tout le cœur du message biblique : au plus profond de nos impasses, l'espérance demeure. Le prophète Isaïe, dans une vision saisissante, esquisse les contours d'un monde transfiguré :

« De leurs épées, ils forgeront des socs ; de leurs lances, des faucilles. Jamais nation contre nation ne lèvera l'épée, ils n'apprendront plus la guerre » (Is 2,4).

Ce rêve d'un monde désarmé, apaisé, où les instruments de mort deviennent outils de vie, nourrit notre imagination spirituelle. Et plus encore, il façonne notre espérance. Dans une autre prophétie, Isaïe annonce la venue d'un être pacificateur, habité par l'esprit du Seigneur, qui jugera avec justice et non selon les apparences :

« Un rameau sortira de la souche de Jessé, père de David, un rejeton jaillira de ses racines. Sur lui reposera l'esprit du Seigneur : esprit de sagesse et de discernement, esprit de conseil et de force, esprit de connaissance et de crainte du Seigneur qui lui inspirera la crainte du Seigneur. Il ne jugera pas sur l'apparence ; il ne se prononcera pas sur des rumeurs. [...] Le loup habitera avec l'agneau, le léopard se couchera près du chevreau, le veau et le lionceau seront nourris ensemble, un petit garçon les conduira. La vache et l'ourse auront même pâture, leurs petits auront même gîte. Le lion, comme le bœuf, mangera du fourrage. Le nourrisson s'amusera sur le nid du cobra ; sur le trou de la vipère, l'enfant étendra la main. Il n'y aura plus de mal ni de corruption sur toute ma montagne sainte » (Is 11,1-9).

Ce tableau d'une création réconciliée, d'une nature apaisée jusque dans ses instincts les plus sauvages, annonce la restauration de la beauté première. Il proclame qu'un autre rapport au monde est possible – affranchi de la domination, de la peur, de la proie et du prédateur.

Ce rêve devient réalité en Jésus-Christ. Lui, le véritable Innocent, incarne cette pacification intérieure qui seule permet la paix extérieure. Son enseignement bouleverse les réflexes primitifs de la vengeance : ne pas juger, ne pas condamner, aimer l'ennemi. Et ce qu'il enseigne, il l'accomplit en sa chair : au cœur de la Passion, dans l'ultime injustice, il demeure silencieux, sans haine ni révolte.

« Maltraité, il s'humilie, il n'ouvre pas la bouche : comme un agneau conduit à l'abattoir » (Is 53,7).

Face à l'injustice, aux crachats, à la souffrance, à l'abandon, à la mort, il choisit le pardon : « Père, pardonne-leur : ils ne savent pas ce qu'ils font » (Lc 23,34).

Judas lui-même, tourmenté intérieurement, dans un sursaut de lucidité, reconnaît la vérité : « J'ai péché en livrant à la mort un innocent » (Mt 27,4).

Aujourd'hui encore, une mentalité innocente – malgré les failles du temps, les incohérences de nos sociétés et la brutalité ambiante – demeure possible. Elle suppose un regard bienveillant sur la vie, une disposition intérieure à la construction plutôt qu'à la destruction. L'apôtre Paul en trace les contours dans sa lettre aux Éphésiens :

« Amertume, irritation, colère, éclats de voix ou insultes, tout cela doit être éliminé de votre vie, ainsi que toute espèce de méchanceté. Soyez entre vous pleins de générosité et de tendresse. Pardonnez-vous les uns aux autres » (Ep 4,31-32).

La mentalité innocente croit encore à la bonté des êtres, à leur capacité de s'émerveiller, à leur pouvoir de changer. Elle ne renonce pas à faire confiance, et insuffle dans le monde l'oxygène vital de l'espérance, permettant à l'humanité d'apprendre à respirer à nouveau, à pleins poumons.

Le pardon, ce geste qui défie la logique du monde

Est-il une relique d'un âge révolu ? Une notion dépassée, presque absurde ? Et pourtant, nul ne saurait vivre en société sans se confronter à l'une des zones les plus sensibles de l'existence relationnelle : le pardon. Longtemps, celui-ci fut confondu avec l'oubli, galvaudé par une approche superficielle. On demandait pardon comme on efface un mot grossier ou un chocolat dérobé. D'aucuns, s'érigeant en champions de la force, l'ont rayé de leur paysage intérieur, affirmant : « Le pardon est affaire de faibles, non de forts. »

Mais en vérité, le pardon touche à l'essence même de l'être : il pénètre les profondeurs de l'âme, effleure l'affect, effleure le vrai, effleure l'existentiel. Il n'est pas posture, mais épreuve. Ce n'est pas une idée, c'est une chair.

La faiblesse des autres ne devrait ni nous étonner ni nous scandaliser – car elle est aussi la nôtre. Et pourtant, la fragilité d'autrui peut nous blesser. Dès lors, le pardon devient indispensable. Il se donne et se reçoit lorsque le mal a frappé, lorsque l'injustice a entaillé la trame de nos relations.

Dans le théâtre de la vie quotidienne, les offenses sont innombrables, conscientes ou involontaires. Les plaintes de nos proches en témoignent : « Il m'a fait... », « Il m'a dit... » Derrière ces mots, des blessures saignent. Par des gestes, des paroles ou de pesants silences, nous semons parfois de véritables tremblements de terre dans l'intimité des autres. Et plus le lien est étroit, plus la douleur est aiguë. L'idéal évangélique de la paix – « Soyez unis par l'affection fraternelle, rivalisez de respect les uns pour les autres » (Rm 12,10), « Cessez de dire du mal les uns des autres » (Jc 4,11), « Aimez-vous les uns les autres » (Jn 13,34) – peut se briser contre le roc des conflits et des blessures.

Le pardon n'est ni un automatisme, ni une impulsion naturelle. Il réclame un mûrissement, un arrachement, un acte surnaturel. Il ne jaillit pas de l'émotion, mais d'un lieu plus secret, plus élevé : celui de l'esprit. Il est un don. Et il est vital. Sans lui, la vie se couvre de taches, s'empoisonne, s'alourdit d'un poids invisible mais écrasant. Sans lui, un visage peut devenir un rappel douloureux du lien blessé qui nous attache à l'autre. Sans lui, nous restons enchaînés à l'offense.

Le pardon est le seul rempart véritable à l'instinct de vengeance. Si nos sociétés s'asphyxient sous le poids de la violence, des jalousies, des rivalités, l'Évangile ouvre un chemin de réconciliation : « Si ton frère a quelque chose contre toi, va d'abord te réconcilier avec lui » (Mt 5,23-24), « Si ton frère a péché, va le trouver, seul à seul, et reprends-le : s'il t'écoute, tu auras gagné ton frère » (Mt 18,15). Ces paroles ne sont pas de simples conseils ; elles sont une mission – celle de ne pas perdre l'autre, mais de le sauver.

Car le pardon comble les abîmes, il construit des ponts là où tout semblait écroulé.

Le Christ, venu chercher et sauver ce qui était perdu (Lc 19,10), ne se détourne pas de nos blessures ; il les habite, les éclaire et les guérit. Il est la Bonne Nouvelle qui guérit en nous le réflexe d'Adam, cette propension à l'accusation. Il nous remet en marche vers la liberté intérieure, vers une mémoire pacifiée, où la faute d'autrui ne suscite plus scandale, mais la compassion.

Il ne s'agit pas de banaliser le mal ou de se réfugier dans une miséricorde molle, prétexte à l'indifférence spirituelle. La miséricorde du Christ n'endort pas ; elle relève, elle pousse à grandir, à ressembler à Dieu, à œuvrer pour le bien.

Reconnaître l'imperfection humaine – la nôtre et celle d'autrui – exige un regard lucide et paisible sur notre être blessé, ce « vieil homme » que nous portons tous, et qu'il nous faut apprivoiser. Le pardon n'ignore pas la souffrance : il la reconnaît, la traverse, en désamorce la charge corrosive. Il dissout la culpabilité, allège la peine, affranchit l'âme de ses chaînes. Il fortifie l'homme intérieur.

Par cet acte ascétique, presque héroïque, nous retrouvons la liberté. Mais il ne s'improvise pas. Il se prépare, s'élabore dans le secret d'un travail sur soi – sur notre histoire, nos blessures, notre tempérament, notre intelligence. Il est aisé de dire : « Je te pardonne », « Ce n'est rien », « N'y pense plus ». Mais ces mots, parfois, ne sont que des paravents.

Le pardon n'est pas un mot ; c'est un chemin. Un arrachement. Une libération. Par le pardon, je choisis de ne plus être dévoré par le mal qui m'habite. Par le pardon, je purifie la relation du poison – qu'il soit de l'agression ou du mutisme. Par le pardon, je restaure le lien, et j'ose écrire une nouvelle page, à deux.

Le recul et le silence, comme actes de résistance

La tradition monastique, discrète et séculaire, a toujours su préserver un rythme de vie empreint de sérénité. Nul besoin de s'exiler vers quelque lointain exotisme : au cœur même de nos terres, les monastères recèlent une douceur relationnelle, une paix silencieuse, un art de vivre tissé de silence et de lumière. Là, la prière et la méditation ne sont point des échappatoires, mais les piliers d'une existence ordonnée, où l'âme s'élève et s'illumine peu à peu.

À l'opposé, le tumulte du monde moderne nous entraîne dans un tourbillon incessant. Notre rythme est effréné, souvent dévoré par l'angoisse ; nous vivons sous tension, ou bien nous sombrons dans l'abattement. Toujours en mouvement, toujours en quête, nous nous agitons jusqu'à l'épuisement. L'idole contemporaine de la performance exige un tribut sévère : santé délabrée, relations fragilisées, bonheur en fuite. Même la réussite – qu'elle soit sociale, professionnelle ou affective – finit par engendrer ses propres blessures : *burn out*, isolement, perte de soi.

N'est-ce pas là une forme insidieuse de « chronolâtrie », ce culte du temps qui consume notre être ?

Il devient alors vital de ménager, au-delà du tumulte quotidien, des havres de silence et de recul. Dans un monde saturé de superficialité, seul le silence peut nous restituer un peu de profondeur. Trop souvent, les questions existentielles se heurtent à des réponses toutes faites, prêtes à l'usage, prémâchées par d'autres. Notre époque propose des réflexions instantanées, mais rarement enracinées. Nous n'avons plus le temps, ou du moins nous ne le prenons plus : débordés, submergés, nous nous appauvrissons, incapables de nourrir une pensée personnelle, lente et féconde. Écouter les voix expertes est utile, certes, mais il importe plus encore d'élaborer sa propre synthèse, d'oser une parole singulière.

À l'ère de l'intelligence artificielle, un simple clic suffit à produire une réponse. Le gain de temps est réel, mais à quel prix ? Celui d'une paresse cognitive, d'une atrophie du discernement. Mais pourquoi parler d'intelligence artificielle ? L'intelligence, par essence, est un don vivant, organique, enraciné dans le *inter legere*, cette capacité à lire au-dedans, à percer les surfaces, à voir au fond. L'intelligence assemble, relie, interprète ; elle opère par lente maturation. Ce que l'on nomme aujourd'hui intelligence n'est, bien souvent, qu'un savoir mécanique – un simulacre de pensée. Il conviendrait mieux de parler de savoir artificiel. Notre temps, avec l'IA, après avoir évacué Dieu, veut-il évacuer l'homme ?

Dans ce climat saturé de vitesse et d'agitation, notre société doit impérativement redécouvrir les vertus du silence et du retrait. Car, à force de réagir à tout, sans relâche, nous perdons notre assise intérieure, notre stabilité affective. Le silence, dans sa sagesse millénaire, offre un refuge : il devient matrice de reconstruction. On comprend aisément ceux qui s'exilent loin des vacarmes de notre modernité, à la recherche de cette rareté devenue presque un luxe : le silence véritable. Même lorsque nous ne parlons pas, nous restons branchés, habités par le flux des oreillettes et des écrans. Le silence s'efface, remplacé par un bruit de fond perpétuel.

Chaque jour, notre esprit est assailli par une avalanche d'images et de sons, une profusion d'informations. Pour retrouver l'équilibre, pour nous désencombrer du tumulte, il nous faut réapprendre à habiter le silence. C'est là, dans ce vide plein de promesses, que l'homme peut songer librement à sa vie, à ses peines, à ses joies, à ses rêves. Le silence détend ce que nos vies crispées tendent à durcir. Il redonne souffle et élan, éloigne les emballements émotionnels, pacifie nos rapports, clarifie nos regards.

Les traditions monastiques, et notamment franciscaines, nous rappellent aussi l'importance de la nature comme lieu de gratuité, de beauté pure, d'hospitalité silencieuse pour l'âme agitée. Dans un monde saturé de béton et de machines, nous avons oublié la douceur de la terre. Or la nature guérit. Elle réveille l'émerveillement, élève l'âme, nous arrache aux automatismes du consumérisme. Contempler un paysage, sentir la mer, gravir une montagne ou croiser le regard d'un animal, tout cela nous restitue à nous-mêmes et nous rappelle que nous sommes d'abord des êtres de relation, de sensibilité, d'enracinement.

Certes, certains, par cupidité, ont fait de la nature une ressource à exploiter. Mais il ne faut pas que l'avidité de quelques-uns nous fasse oublier ce qu'elle est fondamentalement : un don, une épiphanie silencieuse du Créateur. La nature nous désintoxique des écrans et des simulacres ; elle nous rend à la simplicité du réel. En elle, nous nous reposons, nous nous réparons, nous nous réconcilions. Et dans cette réconciliation, vivre avec autrui devient plus léger, plus simple, moins conflictuel.

La liberté véritable : celle du cœur ouvert

Il peut sembler paradoxal d'invoquer la liberté comme remède aux tensions relationnelles de notre temps. Et pourtant, à mesure que les liens sociaux se densifient, notre liberté s'amenuise. Nous sommes, bien souvent, prisonniers d'un théâtre de postures et de stratégies, soumis à la tactique des apparences, à la dureté des jugements, à l'intransigeance des normes. Nos relations deviennent des équations : tout se calcule, tout se soupèse, tout se prévoit. Or, qu'y a-t-il de plus urgent, de plus beau, de plus profondément humain, que de réparer la liberté entre les êtres ?

Aux temps de l'Évangile, une révolution fraternelle s'amorce : l'homme cesse d'être défini par les appartenances de sang, de peuple ou de religion. Saint Paul, s'adressant aux Galates, proclame cette parole brûlante d'universalité : « Il n'y a plus ni Juif ni Grec, il n'y a plus ni esclave ni homme libre, il n'y a plus l'homme et la femme… » (Ga 3, 28.) En Jésus, l'humanité s'affranchit des cloisons tribales et des regards réducteurs ou séducteurs. Il ne fige personne dans une identité close, ne réduit personne à ses fautes ou à son statut. Par sa parole et ses gestes, le Christ libère.

Il parle aux scribes et aux pharisiens, mais aussi aux pécheurs et aux pauvres, aux marginaux, aux exclus, aux hérétiques. Il ne sélectionne pas ceux qui mériteraient un entretien ; il va vers tous, sans discrimination ni peur du qu'en-dira-t-on. Cette liberté, bouleversante, scandalise ; elle dérange les puissances établies. Il la paiera de sa vie. Et pourtant, jusqu'au bout, il invite chacun à se défaire des œillères qui défigurent le visage de l'autre. Il entre chez Zachée, le collecteur d'impôts honni ; il dialogue avec la Samaritaine, hérétique aux yeux des siens ; il partage la table des publicains ; il accueille Nicodème, homme de savoir ; il touche les lépreux que l'on fuyait ; il s'émeut pour la brebis perdue, blessée par l'exil, l'effroi, le désordre, la honte. Toute sa vie est ouverture, accueil, traversée des frontières. Toute sa vie est liberté.

Il faut le redire : la spiritualité chrétienne n'est pas d'abord une morale. Elle ne s'épuise pas dans des codes de conduite. Elle est une force de libération de l'esprit, une aventure intérieure vers la vérité de l'être. De même que le peuple hébreu sortit d'Égypte pour gagner la Terre promise, tout homme, à sa manière, est appelé à quitter ses esclavages intimes pour marcher vers la plénitude de la joie. Combien de situations ligotent nos âmes ! Combien de décisions prises sans discernement étouffent nos élans les plus profonds ! Dieu a créé la liberté ; l'homme, trop souvent, forge ses propres chaînes.

Dans *Le Mystère de la charité*, Charles Péguy résumait avec une bouleversante lucidité : « Tel est le mystère de la liberté de l'homme, dit Dieu… Si je le soutiens trop, il n'est plus libre ; et si je ne le soutiens pas assez, il tombe. »

Il est vrai que certains considèrent la religion comme un carcan, une entrave. Mais la foi véritable n'enferme pas, elle délivre. Elle arrache l'homme à ses tristesses, elle l'élève au-delà de lui-même, elle le guide vers le bonheur vrai. Là où la peur et la violence règnent, elle sème la paix ; là où l'âme est meurtrie, elle ouvre un chemin de lumière. Alors, apprenons à nous libérer. Qu'en nous et autour de nous jaillisse la joie pure de vivre enfin en liberté.

La bénédiction, ultime parole contre la malédiction

La tradition biblique, dans sa richesse inépuisable et son souffle ancestral, nous lègue l'art sacré de la bénédiction. Aux derniers instants de leur vie, les patriarches rassemblaient les leurs non pour un simple adieu, mais pour accomplir un rite solennel de transmission. À travers ce geste chargé de sens, ils confiaient à leurs enfants non seulement les biens matériels – terres fécondes et troupeaux nombreux –, mais surtout les valeurs humaines et spirituelles, telles des semences éternelles semées dans le terreau des générations futures. La bénédiction, loin d'être un simple mot, était une offrande. Elle liait les vivants à leur lignée, les âmes aux promesses.

Cette sagesse ancienne pourrait bien nous éclairer, nous qui sommes aujourd'hui souillés par des paroles blessantes, des propos acides, des jugements hâtifs. Dans son étymologie même, « bénir » signifie « dire du bien ». Et si ce verbe noble, souvent confiné aux sphères liturgiques, retrouvait sa place dans le langage quotidien ? Et si nous osions, dans le tumulte ordinaire, faire du bien par nos paroles ? Trop souvent, la crainte du regard d'autrui nous muselle. On redoute d'être jugé flatteur, artificiel, intéressé. Et pendant ce temps, la liberté de médire s'exerce sans gêne, tandis que celle de louer s'étiole dans la pudeur. Quelle étrange inversion : nous sommes devenus loquaces pour le mal, et silencieux pour le bien. Encore une fois, notre liberté se trouve tronquée, bridée dans ce qu'elle a de plus noble.

Il est frappant de constater que, dans bien des cas, il faut attendre qu'un être humain ait rendu son dernier souffle pour qu'enfin on ose dire du bien de lui. Triste fatalité. Ne pourrait-on pas, dans l'espace public comme dans l'intimité des relations, réhabiliter une parole généreuse, une manière d'être au monde plus bienveillante ?

À ce propos, rappelons l'antique sagesse de Socrate et son fameux « triple tamis ». Un jour, dans la Grèce antique, le grand philosophe fut interpellé par un homme pressé de lui révéler une rumeur au sujet de son élève, Platon.

– Socrate, écoute ce que j'ai appris sur ton disciple !

Le sage, imperturbable, lui répondit :

– Avant de parler, as-tu soumis ta parole aux trois tamis ?

– Quels tamis ? s'étonna l'homme.

– Le premier est celui de la vérité. Ce que tu veux dire, est-ce vrai ?

– Je l'ignore... Je ne fais que rapporter ce que j'ai entendu.

– Donc tu ne sais pas si c'est vrai. Passons alors au deuxième tamis : ce que tu veux dire, est-ce bon ?

– Non, au contraire...

– Ainsi, tu veux me dire quelque chose de négatif, sans en connaître la véracité ? Voyons alors le dernier tamis : est-ce utile ?

– Je ne le crois pas...

– Dans ce cas, conclut Socrate, pourquoi me le dire ?

Cette leçon antique demeure d'une brûlante actualité. Il nous faut, plus que jamais, extirper de notre langage les paroles vides, acides, inutiles. Il nous faut cultiver une parole qui soit vraie, bonne et féconde. Une parole qui élève.

« Soyez maudit ! » a-t-il été dit à un élu en campagne électorale. Terrible menace... Nos malédictions tachent encore les autres. L'époque qui est la nôtre exige une créativité nouvelle dans la manière de transmettre le bon et le bien, surtout aux jeunes générations. Il est urgent, comme le suggère saint Paul, d'arracher à nos vies l'amertume, la colère, les emportements (Ep 4,31), pour ressusciter une parole capable de bénir, une parole qui ne blesse pas mais relève. Là où l'humiliation abaisse, la bénédiction restaure. Là où le mépris enferme, la louange libère.

Notre société pourrait devenir, selon la belle expression biblique, une « vallée de Béraka » (2 Ch 20,26), une vallée de bénédiction, un espace où les êtres humains s'habituent à dire du bien les uns des autres avec naturel et liberté. Car bénir, c'est créer du lien. C'est bâtir une fraternité sociale où les talents de chacun sont mis en lumière, où les réussites sont saluées, où les beautés de l'âme sont reconnues.

En bénissant, parfois à contre-courant, nous tissons les fils d'une société plus humaine. Nous entrons dans le grand courant de l'histoire du Salut, où Dieu bénit son peuple, où le père bénit ses enfants, où les frères se bénissent entre eux. Car la logique de la bénédiction éloigne les douleurs des malédictions et ouvre la voie à une vie relationnelle plus adulte, plus responsable, plus heureuse.

Conclusion

Pour un nouvel art de vivre ensemble : reconstruire l'humain

Il nous arrive d'être violents les uns envers les autres, alors même que rien ne nous y oblige. Nous croyons, pourtant, pouvoir vivre autrement. Cette dureté dans les rapports humains naît souvent des épreuves que nous portons en silence. Souvenons-nous de cette scène du film *Kirikou*, où l'enfant interroge son aïeul : « Pourquoi la sorcière est-elle méchante ? » Et le vieillard de répondre avec une sagesse désarmante : « Parce qu'elle souffre. » Ainsi en est-il de nos vies : elles ne sont pas faites pour la souffrance, mais la souffrance s'y invite, s'y inscrit, et devient parfois l'un de ses visages. Il ne s'agit pas de l'idéaliser, mais de l'intégrer. Le sens profond de l'existence n'est pas d'atteindre une perfection chimérique, mais de vivre pleinement – avec courage, amour, et gratitude.

La vie relationnelle est ce chantier toujours en mouvement, ce labeur incessant de l'homme en société. Elle n'est ni figée ni immuable : elle se transforme, s'affine, s'élève parfois, mais peut aussi s'abîmer, au gré des cœurs qui l'animent et de l'idéal qui l'oriente.

Car toute vie sociale repose sur des piliers invisibles mais essentiels : la vérité, la liberté, l'authenticité, l'amour. Ces fondations intérieures soutiennent l'édifice entier de notre humanité, à la fois sociale et spirituelle.

Réparer le tissu social, c'est réapprendre à aimer. Aimez-vous les uns les autres… Ce n'est pas seulement un conseil, c'est un impératif, un combat, un sommet à incarner dans des gestes concrets. L'amour n'est pas un supplément d'âme, mais l'élément vital de toute cohabitation humaine.

Si nous aspirons à une société plus juste, plus douce, plus belle, il nous faut commencer par y croire – et par agir. Comme le murmure le sage : pour commencer, il suffit de commencer. On n'apprend pas à commencer. Il faut du courage, un élan, une étincelle d'amour. Car s'il existe mille recettes pour reproduire, prolonger ou conserver, il n'en est aucune pour initier, créer, offrir. Créer une société aimable est un défi sublime, un appel à l'audace.

Inventer de nouvelles manières d'être ensemble, de vivre en paix, de réparer les chemins du bonheur : cela exige un engagement. Le bonheur consiste à s'investir pleinement et avec enthousiasme dans ses engagements. Qui ne s'engage pas subit la vie, en devient spectateur, et laisse le monde se faire sans lui. Or, combien d'âmes hésitent à s'engager, par peur d'être dépassées, par crainte du désordre ou du conflit, ou tout simplement pour éviter d'ajouter au poids du jour. Mais c'est précisément la soif d'un monde meilleur qui fait naître en nous la passion, l'élan, la créativité, le désir d'agir. Faute de cela, nous restons figés dans la plainte, le fatalisme, la peur – creusant sans fin le gouffre spirituel de notre époque.

La spiritualité chrétienne peut être pour nous un socle et une source. Elle nous donne de croire, d'espérer, de résister à la barbarie. La foi, loin d'éloigner l'homme de lui-même, le protège de ses pulsions les plus archaïques. Si notre temps vacille, c'est peut-être parce qu'il a perdu la profondeur et la vision nécessaires pour nourrir des relations vraies. Si nous n'écoutons que la voix de la réussite et de la performance, nous risquons de tout conquérir – sauf l'essentiel : l'amour, la présence, la tendresse. La spiritualité ne rétrécit pas l'être, elle l'élargit. Elle ne bride pas les forces intérieures, elle les libère. Notre société réclame la liberté ; non celle du calcul égoïste, mais celle qui libère la pensée, l'imaginaire et l'action pour le bien.

Il nous revient alors de méditer la parabole des talents (Mt 25,14-30). Chacun possède en lui une étincelle singulière, une richesse propre. Dans tous les domaines – politique, spirituel, économique, culturel, associatif, artistique… – chacun peut offrir sa part, sa voix, son génie à l'édification d'un monde plus humain. Nous ne pouvons abandonner aux seules institutions le soin de la responsabilité collective. À chacun de déposer sa pierre à l'édifice commun. Nous ne sommes pas des clones ; c'est dans nos différences que se célèbre la beauté du monde. La vie est notre vie. Et, comme le disait Mère Teresa : « La vie est un défi à relever, un bonheur à mériter, une aventure à tenter. »

Une aventure nous attend. Elle nous appelle à sortir de la médiocrité relationnelle, à ouvrir nos cœurs, nos regards, nos mains. Une société réconciliée et pacifique est devant nous. Pour qu'elle advienne, il nous faut croire, il nous faut espérer.

Table

Composition et mise en pages
Nord Compo à Villeneuve-d'Ascq

Cet ouvrage a été imprimé en France par
CPI Bussière
Z.I. rue Pelletier Doisy
18200 Saint-Amand-Montrond (France)

pour le compte des Éditions Fayard
13 rue du Montparnasse, 75006 Paris
info-fayard@editions-fayard.fr
en janvier 2026

PAPIER CERTIFIÉ

fayard s'engage pour l'environnement en réduisant l'empreinte carbone de ses livres.
Celle de cet exemplaire est de :
0,400 kg éq. CO_2
Rendez-vous sur
www.fayard-durable.fr

N° d'édition : 31-1379-9/11 - N° d'impression : 2089195